MODERN HUMANITIES RESEARCH ASSOCIATION
CRITICAL TEXTS
VOLUME 31

EDITOR
MALCOLM COOK
(FRENCH)


LES COSTEAUX OU LES MARQUIS FRIANS
JEAN DONNEAU DE VISÉ

# Les Costeaux ou les Marquis Frians

by
Jean Donneau de Visé

*Edited by*
Peter William Shoemaker

Modern Humanities Research Association
2013

Published by

The Modern Humanities Research Association,
1 Carlton House Terrace
London SW1Y 5AF

© The Modern Humanities Research Association, 2013

Peter William Shoemaker has asserted his right under the Copyright, Designs and Patents Act 1988 to be identified as the author of this work. Parts of this work may be reproduced as permitted under legal provisions for fair dealing (or fair use) for the purposes of research, private study, criticism, or review, or when a relevant collective licensing agreement is in place. All other reproduction requires the written permission of the copyright holder who may be contacted at rights@mhra.org.uk.

First published 2013

ISBN 978-1-907322-33-4
ISSN 1746-1642

Copies may be ordered from www.criticaltexts.mhra.org.uk

# CONTENTS

| | |
|---|---|
| Acknowledgements | vi |
| Abbreviations | vii |
| Introduction | 1 |
|     Attribution and Performance History | 2 |
|     The Seventeenth-Century Revolution in Taste | 5 |
|     *L'Ordre des Coteaux* | 9 |
|     Saint-Évremond and the Champagne Connection | 13 |
|     Parasites Fictional and Real | 15 |
|     Other Influences | 17 |
|     Thematic Analysis | 20 |
|     Conclusion | 25 |
| Establishment of the Text and Editorial Practice | 27 |
| *Les Costeaux ou les Marquis Frians* | 31 |
| Emendations to the Text | 63 |
| Notes to the Text | 64 |
| Appendix | 69 |
| Bibliography | 79 |

# ACKNOWLEDGEMENTS

The preparation of this edition was funded by a grant-in-aid from The Catholic University of America. I would like to thank Provost James Brennan, Dean of Arts and Sciences Lawrence Poos, and Dean of Graduate Studies James Greene for their support and encouragement.

Perry Gethner, Julia Abramson, and an anonymous reviewer read the manuscript with great care and made innumerable corrections and suggestions. I am especially grateful for Perry's expertise in the preparation of editions of early modern drama and Julia's love and knowledge of French food culture. With their sage advice and prompt responses to my queries, Gerard Lowe and Malcolm Cook guided me through the editing and publishing process. Many other friends and colleagues supported this project in various ways. Their contributions are too numerous to mention here, but Brian Ogilvie and Jennifer Heuer deserve a special mention for lending me their apartment in Paris during a research trip.

Librarians at the Bibliothèque Nationale, the Newberry Library, the University of Chicago, the British Library, the Bibliothèque Mazarine, Harvard University, the Bibliothèque de l'Arsenal, the Staatliche Bibliothek in Ansbach, and the Herzog August Bibliothek in Wolfenbüttel provided reference support and access to special collections.

As always, my greatest debt is to my favourite librarian, Jill Lagerstrom, and my parents.

# ABBREVIATIONS

| | |
|---|---|
| *AF* | *Dictionnaire de l'Académie Française* |
| *Art* | L.S.R., *L'Art de bien traiter* |
| *CF* | François Pierre de La Varenne, *Le Cuisinier françois* |
| *Cuis* | Pierre de Lune, *Le Cuisinier* |
| *DC* | Nicolas Bonnefons, *Les Délices de la campagne* |
| *DU* | Antoine Furetière, *Dictionnaire universel* |

# INTRODUCTION

In his third *Satire*, devoted to the description of a comic banquet, Nicolas Boileau-Despréaux paints the portrait of a ridiculous guest, described as 'certain Hableur, à la gueule affamée, | Qui vint à ce festin, conduit par la fumée: | Et qui s'est dit Profés dans l'ordre des Coteaux'.[1] Dominique Bouhours, in his *Art de bien penser sur les ouvrages de l'esprit* (1687) predicted that this allusion to a gastronomical 'order' would baffle future readers: 'Je me suis mis [. . .] en teste que les commentateurs se tourmenteront fort pour expliquer ce *Profès dans l'Ordre des Costeaux*'.[2] As it turns out, this was a prophetic insight. Generations of literary and culinary historians have been intrigued and puzzled by references to an 'Ordre des Coteaux' in not only Boileau, but also Gilles Ménage, Gédéon Tallemant des Réaux, Charles de Saint-Évremond, and the marquise de Sévigné.[3] According to legend, the members of this society were extremely fastidious in matters of food and drink and would only consume wines from certain slopes (or *coteaux*). Beyond this, the accounts diverge. The names of various fixtures of seventeenth-century polite society, including Saint-Évremond and Jacques de Souvré, have been linked to the group, but there is little solid evidence regarding its origins or operation.

Adding to the intrigue and mystery is an unsigned one-act comedy entitled *Les Costeaux ou les marquis frians*, published in January 1665. The plot of this play revolves around the thinnest of pretexts. Having invited the young Lucille and her mother to dine with him in private, Thersandre has a dilemma: what to do about the parasitic noblemen who regularly visit his table in order to procure a free meal. Instead of immediately dispatching the freeloaders, Thersandre's *maître d'hôtel* Damis decides to teach them a lesson by forcing them to wait until the dinner hour has passed before sending them on their way. The bulk of the play thus focuses on group of famished seventeenth-century nobles who discuss the art of fine dining while waiting for a dinner that never arrives. Indeed, in the

---

1. Nicolas Boileau-Despréaux, *Les Satires* (Paris: Barbin, 1666), p. 23.
2. Dominique Bouhours, *La Manière de bien penser dans les ouvrages d'esprit*, 2nd ed. (Paris: Cramoisy, 1688), p. 464.
3. Gilles Ménage, *Dictionnaire étymologique ou origines de la language françoise, par Mr. Ménage* (Paris: Anisson, 1694), p. 222; Gédéon Tallemant des Réaux, *Historiettes*, ed. by Antoine Adam, 2 vols (Paris: Gallimard, 1960), I, 412; Marie de Rabutin-Chantal, marquise de Sévigné, *Correspondance*, ed. by Roger Duchêne, 3 vols (Paris: Gallimard, 1972), I, 449; Charles de Saint-Évremond, *Œuvres mêlées de Saint-Évremond*, ed. by Charles Giraud, 3 vols (Paris: Techener, 1865), III, 433.

'Au lecteur', the author presents *Les Costeaux* as a 'conversation' and concedes that it is a bit of an inside joke, appealing to an audience of connoisseurs: 'Elle est un peu misterieuse, ce qui me fait esperer qu'elle plaira à ceux qui connoissent les bonnes tables'.

## Attribution and Performance History

The attribution of *Les Costeaux* has long divided historians of seventeenth-century theatre. There is no indication of authorship in any of the copies, but most library catalogues and the majority of eighteenth-century commentators attribute the play to Claude Deschamps de Villiers, who was a member of the *comédiens du roi* at the Hôtel de Bourgogne. Samuel Chappuzeau (1674), by contrast, attributes the play to Jean Donneau de Visé.[4] Since Villiers and Visé share the same initial letter in their surnames and are both occasionally referred to as 'M. de V.', the attribution of their dramatic production has often been a matter of some confusion. Following Henry Carrington Lancaster and others, I will argue that the circumstantial evidence points in the direction of Donneau de Visé.[5]

The strongest argument in favour of Villiers is the quasi-unanimity of eighteenth-century historians of the theatre, starting with Beauchamps (1735), coupled with the precise details that they provide regarding the play's performance.[6] Both Léris (1763) and Mouhy (1780), for instance, specify that the play was performed at the Hôtel de Bourgogne on January 10, 1665.[7] On closer examination, however, this unanimity is highly suspect. Both Léris and Mouhy rely heavily on the Parfaict brothers (1746), but the latter only mention 'début janvier' as a performance date, which would be a reasonable guess based on the *permission* (January 28, 1665).[8] More problematical is the fact that January 10th was a Saturday and that plays were normally performed at the Hôtel de Bourgogne on Tuesdays, Fridays, and Sundays during this period.[9] Given these inconsistencies, which tend to confirm the poor reputation of

---

4. Samuel Chappuzeau, *Le Théâtre françois*, 3 vols (Lyon: Michel Mayer, 1674), I, 108.
5. Henry Carrington Lancaster, *A History of French Dramatic Literature in the Seventeenth Century. Part III. The Period of Molière*, 2 vols (Baltimore: Johns Hopkins University Press, 1936), II, 668.
6. Pierre-François Godard de Beauchamps, *Recherches sur les théâtres de France*, 3 vols (Paris: Prault, 1735), II, 319.
7. Antoine de Léris, *Dictionnaire portatif historique et littéraire du théâtre* (Paris: Jombert, 1763), p. 127; Charles de Fieux, chevalier de Mouhy, *Abrégé de l'histoire du théatre françois depuis son origine jusqu'au premier juin de l'année 1780*, 4 vols (Paris: Jorry & Mérigot, 1780), I, 116.
8. Claude and François Parfaict, *Histoire du théâtre françois depuis son origine jusqu'à présent*, 12 vols (Paris: Le Mercier & Saillant, 1745–47), IX, 338.
9. Eugène Despois, *Le Théâtre français sous Louis XIV* (Paris: Hachette, 1874), p. 144.

eighteenth-century theatre historians, it is reasonable to assume that the details regarding the play's performance were the result of guesswork and historical hearsay.[10]

There are other reasons to doubt the attribution to Villiers. *La Vengeance des Marquis*, an occasional piece critical of Molière and *L'École des femmes*, was long attributed to Villiers, and similarities with *Les Costeaux* may have led eighteenth-century historians to attribute the latter comedy to him as well. This inference was probably reinforced by the fact that the full title of *Les Costeaux* is *Les Costeaux ou Les Marquis frians* and *Les Costeaux* contains a joking reference to the title of marquis ('Voila d'un vrai Marquis le parfait caractere' [l. 345]). But the nineteenth-century scholar Eugène Despois has demonstrated that Visé was the author of *La Vengeance des marquis*.[11]

In sum, there is no reason to prefer Villiers over Visé, especially considering that Chappuzeau, who attributes *Les Costeaux* to Visé, is our earliest source on the matter. By contrast, there are clues in *Les Costeaux* that point to Visé, most notably the character of Lucille's mother Mélinte, who bears a striking similarity to the protagonist of Visé's *La Mère coquette*. In the introduction to his edition of Villiers's *Festin de Pierre*, moreover, Georges Gendarme de Bévotte notes that the high literary quality and topical character of the play are not typical of his author.[12] The quality and topicality of the *Les Costeaux*, I would contend, are the strongest arguments not only *against* Villiers's authorship, but also *for* an attribution to Visé. Visé was the author of numerous topical plays, including not only *La Vengeance des marquis*, but also *Les Intrigues de la loterie*, a satire on the vogue for lotteries, and *La Devineresse* (a play based on *l'affaire des poisons*, written with Thomas Corneille). Indeed Visé was later to make a career out of topicality by founding the *Mercure galant* (1672-), the revolutionary fashion/literary magazine that captured the imagination of the French court in the 1670s and 1680s.[13] With its satire on faddish manners, its inside allusions, and its conversational style, *Les Costeaux* was precisely the kind of material that would have appealed to Visé and the *mondain* audience for whom he sought to cater with the *Mercure*. Villiers, by contrast, tended to opt for more traditional, derivative material such as conventional farces.

In summary, the external evidence for Claude Villiers's authorship is highly dubious. Furthermore, based on internal, literary evidence, *Les Costeaux* is exactly the kind of stylish, topical play that Jean Donneau de Visé, not Villiers,

---

10. On the unreliability of one of these historians, see Henry Carrington Lancaster, *Errors in Beauchamps' 'Recherches sur les théâtres de France'* (Baltimore: Johns Hopkins University Press, 1922).
11. Lancaster, *A History*, II, 668–69.
12. Gendarme de Bévotte, *Le Festin de Pierre avant Molière* (Paris: Cornély, 1906), p. 143.
13. Monique Vincent, *Donneau de Visé et le Mercure galant*, 2 vols (Lille: Aux Amateurs de Livres, 1988).

would have written. Although it is not possible to make a definitive attribution, I would thus argue that we are justified in following Chappuzeau, who was writing a mere nine years after the play's publication, in attributing *Les Costeaux* to Donneau de Visé.

This, however, leaves another question: was the play ever performed? Doubts have been raised about other topical plays of the period, most notably *La Comédie des proverbes* (1633) and *La Comédie des académistes* (attributed to Saint-Évremond, 1637).[14] Indeed the seventeenth century produced many 'conversations' that were never performed on the stage, although they might have been read aloud in private settings. Could the dramatic form of *Les Costeaux* be merely an 'envelope', a convenient format for a satire that was destined for the page, rather than the stage? Ample internal evidence suggests that this is not the case and that *Les Costeaux* was conceived to be performed on the stage. There are numerous stage directions, including some that are clearly designed for comic and/or dramatic effect. Scene 5, a lively exchange between Lucile and her mother Mélinte, seems tailor-made for showcasing the comic talents of the actresses. Mélinte scolds her carefree daughter for her sloppy demeanour and orders her to straighten her back and to stick out her chest, offering her own posture as a model:

> **MELINTE.**
> Mais dites-moy donc quand vous vous corrigerez.
> *Elle se redresse elle-mesme.*
> Tenez-vous droite-là, c'est ainsi qu'il faut estre,
> Et si l'on n'a cét air, l'on ne sçauroit paroistre.
>
> **LUCILLE.**
> Mais quoy faut-il ...
>
> **MELINTE.**
>                     Ainsi vous estes cent fois mieux.
> Adoucissez encor vostre voix, et vos yeux:
> Gardez-vous de tenir vos espaules si hautes,
> Et ne retombez plus dans de pareilles fautes;
> Mais qu'avec tout cela l'on voye un air posé,
> Qui ne soit point contraint et qui paroisse aisé. (ll. 108–16)

One can easily imagine the dramatic possibilities of the scene, as the middle-aged mother tries to show her daughter how to be fashionably seductive. Since this vignette does not contribute to the satire on gastronomy, it is reasonable to conclude that it was included for its comic and dramatic merits.

---

14. Michael Kramer, *La Comédie des proverbes, pièce comique d'après l'édition princeps de 1633* (Geneva: Droz, 2003).

## The Seventeenth-Century Revolution in Taste

*Les Costeaux* reflects the renewed interest in gastronomy that marked the middle of the seventeenth century. For nearly a century and a half, since the publication of the Taillevent's *Viandier* in 1490, there had been no proper cookbooks published in France, only works of medicine and dietetics. This changed abruptly in 1651, with the publication of François Pierre de La Varenne's *Cuisinier françois* and Nicolas Bonnefons's *Jardinier françois*, followed quickly by Bonnefons's *Délices de la campagne* (1654), Pierre de Lune's *Le Cuisinier* (1656) and L.S.R.'s *L'Art de bien traiter* (1674). Recipes did not change overnight, but chefs started publishing cookbooks, criticizing each other, and seeking to cater to new tastes. A 'revolution in taste' was underway and by the end of the century fine dining had undergone a complete paradigm shift. Susan Pinkard describes the shift in stark terms:

> Around 1600, the food served on the tables of the elite still reflected the traditions of the pan-European medieval kitchen, the key elements of which merged influences from Roman, Germanic, and Arab sources. The distinction between sweet and savoury, so fundamental to modern French taste, did not exist. [...] By 1700, this ancient way of doing things had all but disappeared from the kitchens of the nobility and aspiring Parisian bourgeoisie, displaced by what one of its progenitors called 'the art of cooking foods delicately'.[15]

The primary emphasis of the new cuisine was on higlighting natural flavours and textures. Mild herbs thus replaced strong spices, and savoury and sweet dishes were segregated, with the latter relegated to the end of meal.[16] On noble tables, the focus shifted from game to farm products, such as vegetables and beef. Techniques, finally, were refined and codified with an eye to preserving and concentrating flavours. Cooking times, for instance, were shortened and a new kind of raised stove — the *potager* — allowed for more precise temperature control. Thanks to the flexibility offered by the *potager*, several familiar aspects of French cooking emerged at this time, including concentrated stocks and fat- and flour-based sauces that highlighted the distinctive qualities of foods.[17]

---

15. Susan Pinkard, *A Revolution in Taste* (Cambridge: Cambridge University Press, 2008), p. xii.
16. One of the earliest recipes for a *bouquet garni*, a packet of herbs which is infused into dishes, can be dated to a cookbook from this period. Lune provides the following recipe for what he calls a 'paquet': '[prenez] une ciboule, un peu de thym, deux ou trois clous, et les roulez dans une barde de lard et la ficelez', *Cuis*, p. 319.
17. On the seventeenth-century culinary revolution, see Pinkard, passim; Barbara Ketchum Wheaton, *Savoring the Past: The French Kitchen and Table from 1300 to 1789* (New York: Simon and Schuster, 1983), pp. 113–28; Florent Quellier, *La Table des Français: une histoire culturelle (XVe-début XVIIIe siècle)* (Rennes: Presses Universitaires de Rennes, 2007), pp. 71–97.

The work that best captures the new *zeitgeist* is Nicolas de Bonnefons's *Délices de la campagne* (1654). Written in the aftermath of the *fronde*, Bonnefons's book is a pastoral idyll, a celebration of peace and the pleasures of nature. He devotes his highest praises to basic foodstuffs and fresh ingredients, such as breads and fruits, and rejects exotic ingredients and elaborate preparations:

> [J]e seray plus que satisfait de mon travail si je fais connoistre à un chacun de qu'elle [sic] maniere les biens de Dieu se preparent pour l'usage de la vie; et le goust qui leur est le plus convenable, quoy qu'autant de personnes en ayent autant de differens, ce qui donne lieu à l'industrie des hommes de déguiser quantité de viandes pour satisfaire à la sensualité, et reveiller les appetits lassez des vivres ordinaires.[18]

Nature is master, here, and the function of the cook is to respect and highlight the divine wisdom contained therein. Complicated preparations are the inevitable sign of the Fall, of the profusion of depraved 'appetites' that are no longer capable of appreciating the beauty of simple things. When we read Bonnefons on the subject of a 'potage de santé', we encounter a call for simplicity that anticipates the *nouvelle cuisine* of the twentieth century: 'Qu'un pottage de santé soit un bon pottage de Bourgeois, bien nourry de bonnes viandes bien choisies, et reduit à peu de boüillon, sans hachis, champignons épicés, ny autres ingrediens, mais qu'il soit simple, puis qu'il porte le nom de santé, que celuy aux choux sente entierement le chou; aux porreaux le porreau, aux navets le navet'.[19] A cabbage should taste like a cabbage, a leek like a leek, a turnip like a turnip. Or to quote the twentieth-century prince of gastronomes, Curnonsky, 'La cuisine, c'est quand les choses ont le goût de ce qu'elles sont.'[20]

The ostensible simplicity of the new cuisine, moreover, dovetailed nicely with the emerging aesthetic of classicism. Both literary and culinary classicists preached restraint, believing that 'less is more'. Certain passages from seventeenth-century cookbooks recall the anti-baroque diatribes of seventeenth-century grammarians and aestheticians. L. S. R., the author of *L'Art de bien traiter* (1674), provides a striking example, railing against 'impûretés' and 'impropretés':

> Ce n'est point aujourd'hui ce prodigieux regorgement de mets, l'abondance des ragoûts et des galimafrées, la compilation extraordinaire des viandes qui composent la bonne chère, ce n'est pas cet entassement confus de diverses espèces, ces montagnes de rôts, ces changements redoublés d'assiettes volantes et d'entremets bizarrements servis, où il semble que l'artifice et la

---

18. *DC*, 'Préface'.
19. *DC*, p. 213. On the parallels between seventeenth-century cuisine and *nouvelle cuisine*, see Jean-Robert Pitte, *French Gastronomy*, trans. by Jody Gladding (New York: Columbia University Press, 2002), p. 92.
20. Timothy Tomasik, 'Gastronomy', in *The Columbia History of Twentieth-Century French Thought*, ed. by Lawrence D. Kritzman (New York: Columbia University Press, 2006), p. 240.

nature s'aillent entièrement épuiser pour la satisfaction des sens, qui font
l'objet le plus sensible de la délicatesse de notre goût, c'est bien plutôt le choix
exquis des viandes, la finesse de leur assaisonnement, la politesse et la
propreté de leur service, leur quantité proportionnée au nombre des gens, et
enfin l'ordonnance générale des choses qui contribuent essentiellement à la
bonté et à l'ornement d'un repas [. . .].[21]

The contrast between confusion, excess, and the bizarre, on the one hand, and clarity, elegance, and proportion, on the other, is a familiar theme in classical aesthetics. Indeed, it can be argued the gastronomical revolutionaries of the seventeenth century sought to articulate what we might call 'gastronomical unities' (by analogy with the dramatic unities). Not only did each dish highlight a single flavour (that of the primary ingredient), but the number of courses was reduced, and *entrées* and *entremets* were subordinated to main dishes. Thus the Aristotelian rationale behind the dramatic unities — the purposeful subordination of the parts to the totality of an artistic effect — applied to cuisine as well.

Seventeenth-century gastronomy was as much a *discourse* as it was a set of techniques for preparing food. A new vocabulary for talking about food emerged, as well as the foundations of what would become, in the hands of later chefs such as François Massialot and Marc-Antoine Carême, a veritable grammar of stocks, *liaisons*, and sauces. Like the grammarians who sought to purify the French language so that it could glorify France and its king, French chefs developed a new culinary vernacular that stressed purity, simplicity, and elegance. And they pursued this project in a methodical, almost Cartesian manner, building an entire system from a small number of key techniques and ingredients.[22] Meanwhile, as *Les Costeaux* illustrates, the consumers of food took as much pleasure in discussing food as in consuming it. Talking about food, of course, was not new. The discourse changed, however, with a decreased emphasis on quantity (*à la* Rabelais), and a greater attention to the subtle qualities of foods, reflected in the *coteaux*'s penchant for describing foods as 'délicat'.[23]

Despite all of the talk of nature and simplicity, it is difficult to escape the suspicion that a new form of elitism was at play. The new trendy vegetables — artichokes, peas, asparagus, lettuce, chicory, etc. — were all fairly low in caloric content and relatively expensive to obtain. Consuming them at the height of freshness meant bringing them in daily from the countryside or finding ways of growing them in the city or at court. (Jean-Baptiste de La Quintinie famously

---

21. *Art*, p. 21.
22. Jean-Louis Flandrin, 'The Early Modern Period', in *Food: A Culinary History from Antiquity to the Present*, ed. by Jean-Louis Flandrin and Massimo Montonari, trans. by Clarissa Botsford (New York: Columbia University Press, 1999), p. 362.
23. Gastronomical discourse, as we shall see below, had its origins in Greek and Roman antiquity.

introduced a vegetable garden at Versailles so that Louis XIV could enjoy fashionable peas and asparagus.) The expense, moreover, went up dramatically at the beginning of the season, when such vegetables were scarce. And Bonnefons's cautions about complexity were not always heeded, either. Some of the vegetable preparations were quite elaborate and there was, to quote Pinkard, 'a change in attitudes toward the culinary potential of vegetables, which [came] to be seen as worthy of sophisticated treatment, on a par with meats and fish'.[24] In seventeenth-century Paris, as in modern-day cities, the eating of fresh vegetables was a form of conspicuous consumption.[25]

The elitisim of the new culinary idiom is visible in the focus on provenance. Provenance had been a preoccupation of gastronomes since antiquity. The Greek Archestratos of Gela, for instance, recommended peak-season tuna from Byzantium, and the host of the dinner described in Horace's *Satire* 2.8 provided a recipe for a salad dressing made from 'Venafran oil' and vinegar from 'Methymnean grapes'.[26] In the Renaissance, similarly, Bartolomeo Scappi sang the praises of salmon carp from 'those places right by Lake Garda'.[27] In *Les Costeaux*, this question of provenance becomes a veritable obsession. Léonte's palate, for instance, is supposedly so fine that he can tell whether a partridge is from Compiègne or Saint-Germain (l. 424). This appears to be an early modern gastronomical *topos*: one of the many legends regarding Dom Pérignon was that he could identify the provenance of clusters of grapes by tasting them.

Another characteristic of the new cuisine was the emphasis on seasonality. Lune and La Varenne organized their dishes according to the availability of quality ingredients during the seasons, anticipating the twentieth century *nouvelle cuisine* or *cuisine de marché*, in which the availability of fresh ingredients dictated the dishes to be prepared.[28] This was really nothing new, however. Lune and La Varenne were in fact following a tradition that went back to the Renaissance, the Middle Ages, and antiquity. In his *Opera* (1570), Bartholomeo Scappi specified the proper seasons for various meats and fishes: sturgeon between March and August, hare between August and February, and so on.[29]

24. Pinkard, p. 38.
25. Pinkard, p. 73; Fernand Braudel, *Civilization and Capitalism, 15th–18th Century: The Structures of Everyday Life*, trans. by Siân Reynolds, 2 vols (New York: Harper and Row, 1981), I, 223.
26. Archestratos of Gela, *Greek Culture and Cuisine in Fourth Century BCE: Text, Translation, and Commentary*, ed. and trans. by S. Douglas Olson and Alexander Sens (Oxford and New York: Oxford University Press, 2000), p. 162; Horace, *The Satires of Horace*, trans. by A. M. Juster (Philadelphia: University of Pennsylvania Press, 2008), p. 114.
27. Bartolomeo Scappi, *The Opera of Bartolomeo Scappi*, ed. and trans. by Terrence Scully (Toronto: University of Toronto Press, 2008), p. 322.
28. Paul Bocuse, *La Cuisine du marché* (Paris: Flammarion, 1976), pp. 5–6.
29. Scappi, pp. 182, 276. See also Stephen Mennell, *All Manners of Food: Eating and Taste in England and France from the Middle Ages to the Present* (Oxford: Blackwell, 1985), p. 129.

Among the ancients, Archestratos of Gela similarly insisted on respecting the rhythm of the seasons.[30]

To some extent, of course, focusing on seasonality was practical. But there was an element of elitism here, as well: after all, only the affluent could afford to be fastidious about consuming products at their 'peak'. It was difficult, moreover, to reconcile seasonality with the growing demand for certain fashionable foodstuffs. One of the debates staged in *Les Costeaux* concerns the desirability of *nouveautés*, products that were available in advance of their normal growing season. For the *coteaux*, obtaining *nouveautés* such as green peas represented a status symbol. As Oronte points out, however, out-of-season vegetables were force-grown in manure (*pourriture*) (ll. 331–38). Better, he argues, to opt for fare that is simply and honest.[31]

## *L'Ordre des Coteaux*

So what exactly was the *Ordre des Coteaux* that lent its name to *Les Costeaux*? Various kinds of drinking and eating societies had existed since the Middle Ages. Arthur Dinaux's *Les Sociétés badines, bachiques, littéraires et chantantes: leur histoire et leurs travaux* provides an inventory of such groups, with names such as 'Les Chevaliers de la chausse', 'La Société des conards', and 'Les Coquelucheurs'.[32] In the early seventeenth century, in his *La Doctrine curieuse*, François Garasse refers to the 'Confrérie des bouteilles', a gathering of crypto-atheists devoted to the pleasures of the flesh.[33] As presented in the play and in seventeenth-century documents, the *Ordre des Coteaux* is rather different from these predecessors, however. Unlike the confraternity described in Garasse, it is not ideological in the normal sense. And it was not focused on debauchery or Rabelaisian revelry, but rather on the communal pursuit of good taste. In his *Entretiens, ou amusements sérieux et comiques*, published in 1699, Charles Rivière Dufresny mentions 'coteaux' in the context of culinary 'academies':

---

30. Jean-François Revel, *Un festin en paroles* (Paris: Pauvert, 1979), pp. 44–51.
31. Jean de La Bruyère, similarly, had expressed his disgust at the extremes to which his contemporaries would go to obtain fresh vegetables, when others were starving: 'Il y a des miseres sur la terre qui saisissent le cœur; il manque à quelques-uns jusqu'aux alimens, ils redoutent l'hiver, ils apprehendent de vivre. L'on mange ailleurs des fruits precoces; l'on force la terre & les saisons pour fournir à sa délicatesse.' See Jean de La Bruyère, *Les Caractères de Théophraste, traduits du grec, avec les caractères ou les mœurs de ce siècle*, 9th ed. (Paris: Michallet, 1696), p. 181.
32. Arthur Dinaux, *Les Sociétés badines, bachiques, littéraires et chantantes: leur histoire et leurs travaux* (Paris: Bachelin-Deflorenne, 1867).
33. François Garasse, *La Doctrine curieuse des beaux esprits de ce temps ou prétendus tels* (Paris: Chappelet, 1623), pp. 37–38.

> Il y a outre cela quantité d'Academies Bachiques, ou les bons gourmets et les fins côteaux enseignent l'art de boire et de manger, art qui s'est beaucoup perfectionné depuis peu.[34]

The term 'academie' suggests a departure from the rough-and-tumble male sociability of cabarets and the adoption of a certain seriousness and decorum. The *Ordre des Coteaux* thus appears to be an ancestor of modern 'food and wine' clubs — the *Chevaliers de Tastevin*, for instance, or Grimod de La Reynière's *Société des Mercredis*.

The evidence regarding the history of the *Ordre des Coteaux* is scanty.[35] It is usually mentioned in passing, as in Boileau's third *Satire* (see Appendix) or in a letter from Mme de Sévigné to her daughter: 'Le dîner de M. [de] Valavoire effaça entièrement le nôtre, non pas par la quantité des viandes, mais par l'extrême délicatesse, qui a surpassé celle de tous les *Coteaux*.'[36] Those sources that purport to recount the order's origins describe it as a sort of joke. Saint-Évremond's biographer Pierre Des Maizeaux relates that one day, when Saint-Évremond was dining with Monsieur de Lavardin, the bishop of Le Mans, the latter teased him, along with the comte d'Olonne and the marquis de Boisdauphin, for their culinary fastidiousness:

> Ces Messieurs outrent tout à force de vouloir raffiner sur tout. Ils ne sauroient manger que du Veau de riviere: il faut que leurs Perdrix viennent d'Auvergne: que leurs Lapins soient de la Roche-Guyon ou de Versine. Ils ne sont pas moins difficiles sur le Fruit: et pour le Vin, ils n'en sauroient boire que des trois Côteaux d'Ay, d'Haut-Villiers, et d'Avenay.[37]

Saint-Évremond, who thought this remark symptomatic of the bishop's lack of good taste, repeated the *bon mot* so often that the three friends became known as 'Les Trois Coteaux'.

This story, and particularly the account of three gentlemen who would only drink wine from certain slopes, appears in other sources, including Gilles Ménage's *Dictionnaire étymologique*, Tallemant des Réaux's *Historiettes*, and the notes to Boileau's third *Satire* by Brossette and Le Verrier. Some versions provide added details, as well. Tallemant, for instance, records that one of the 'maxims' of the group was never to eat suckling pig and claims that Boisrobert wrote a satire (now lost) on the subject.[38] The identities of the members vary: Brossette cites Louis Victor de Rochechouart de Mortemart (later the duc de Vivonne),

---

34. Charles Rivière Dufresny, *Entretiens ou amusements sérieux et comiques* (Paris: Jouaust, 1869), p. 62.
35. Flandrin, 'The Early Modern Period', p. 368.
36. Sévigné, I, 449 (4 March 1672).
37. Charles de Saint-Évremond, *Œuvres de Monsieur de Saint-Évremond* ([n.p.]: [n.pub.], 1740), I, 32.
38. Tallemant des Réaux, I, 412.

Louis Roger Brûlart, marquis de Sillery, and Jacques de Souvré (who is also mentioned by Des Maizeaux, but not as a *coteau*); the same names appear in Le Verrier, except for Sillery, who is replaced by Villandry (a friend of Saint-Évremond); Ménage mentions Urbain de Laval-Boisdauphin, Louis de la Trémoille-Royan, comte d'Olonne, l'abbé de Villarceaux, and 'du Broussin' (probably Pierre Brûlart de Genlis, marquis de Broussin); and the chevalier de Méré mentions Saint-Évremond, Villandry, and Sillery.[39]

No single name appears in every account, and it appears likely that *coteau* was an epithet that was applied to anyone with exacting culinary tastes. Even if the *coteaux* did not have a formal organization, however, they are nonetheless important for several reasons. In particular, they give a face to the 'revolution in taste'. Many of the names mentioned in contemporary accounts were fixtures of the Paris *monde* during the period. This is certainly true of Saint-Évremond, about whom we shall have more to say later. Souvré, who was famous for his lavish meals (he is mentioned as the *commandeur* in Boileau's *Satire* III), was the brother of Madeleine de Souvré, the marquise de Sablé.[40] Sablé was famous not only for her salon, her *maximes*, and her close relationship to François de La Rochefoucauld, but also for her weakness for the pleasures of the table. Reputedly she kept a richly appointed table even after her retreat to an apartment adjoining the Jansenist Abbey of Port-Royal de Paris.[41] Sablé was herself the mother of another supposed *coteau*, Urbain de Laval-Boisdauphin. Other purported *coteaux* were either from prominent aristocratic clans (Louis de Trimoille and Sillery) or from the entourage of the king (Mortemart-Vivonne and the Abbé de Villarceaux).

Arthur Dinaux has made much of the role of the Broussin brothers, and especially Pierre Brûlart de Genlis, marquis de Broussin, in the *Ordre des Coteaux*.[42] Claude-Emmanuel Lhuillier and François Bachaumont dedicated their *Voyage de Chapelle et de Bachaumont* to the Broussins, whom they teased (or perhaps celebrated?) for their culinary exploits: 'Aussi voit-on plus de perdrix | En dix jours chez vous qu'en dix mille | Chez les plus friands de Paris.'[43] In the

39. Nicolas Boileau-Despréaux, *Les Satires de Boileau commentées par lui-même publiées avec des notes par Frédéric Lachèvre. Reproduction du commentaire inédit de Pierre Le Verrier*, ed. by Frédéric Lachèvre (Le Vesinet: [n.pub.], 1906), p. 35; Ménage, p. 222; Nicolas Boileau-Despréaux, *Œuvres de M. Boileau Despréaux avec des éclaircissemens historiques donnez par lui-même*, 2 vols (Geneva: Fabri & Barrillot, 1716), p. 34; Charles-Henri Boudhors, 'Divers Propos du Chevalier Méré', *Revue d'histoire littéraire de la France*, 32 (1925), 520–29 (p. 525).
40. Gustave Desnoiresterres, *Les Cours galantes*, 4 vols (Paris: Dentu, 1860), I, 268–70.
41. Victor Cousin, *Madame de Sablé, nouvelles études sur les femmes illustres et la société du XVIIe siècle* (Paris: Didier, 1882), pp. 390–93.
42. Dinaux, pp. 199–202.
43. Claude-Emmanuel Lhuillier and François le Coigneux de Bachaumont, *Œuvres de Chapelle et de Bachaumont*, ed. by Tennant de Latour (Paris: Jannet, 1854), p. 47.

eighteenth century, the marquis de Broussin's grandson, Louis-Élisabeth de La Vergne de Tressan, reported that his illustrious grandfather had been a 'Grand-Maître' in the *Ordre des Coteaux*.[44] Might the *coteaux* have existed after all, or this is simply humorous hyperbole?

What is significant, in any case, is that we have a cast of characters who frequented both the city and the court and who seem to have participated in a thriving gastronomical culture in the middle decades of the seventeenth century. Other sources confirm this. Des Maizeaux prefaces his account of the Lavardin dinner by noting that fine dining was particularly fashionable at court in the 1650s: 'On se piquoit alors à la Cour d'un luxe ingénieux et délicat.' He goes on to describe a kind of competition in matters of taste among the nobility of the period. 'Il y avoit entr'eux une espece d'émulation à qui feroit paroître un goût plus fin et plus délicat.'[45] Rather than talk about a formal organization, in other words, it makes more sense to talk about a loose form of sociability structured around aristocratic competition and canons of taste.

Another significant aspect of the *Ordre des Coteaux* is the explicit connection between taste, place, and aristocratic identity. Traditionally, of course, aristocratic identity was bound up with landed property: an aristocrat's name was also a place name. In the case of Des Maizeaux's anecdote about the origin of the *coteaux*, there is a similar link between places (the three *vignobles*) and persons (the three friends), but with a difference. Rather than being grounded in lineage, the link between the self and the land is the product of taste — of a highly sensitive temperament, or *délicatesse*, that discerns the origins and qualities of foods. We have already commented upon the increasing emphasis on the provenance of food in the seventeenth century, reflected in the uncanny ability of the *coteaux* to discern the origin of partridge or a bottle of wine.[46] For the characters in *Les Costeaux*, this becomes a criterion of social distinction:

> Ce sont gens delicats aimans les bons morceaux,
> Et qui les connoissans, ont par experiance,
> Le goust le plus certain et le meilleur de France.
> Des friands d'aujourd'huy, c'est l'eslite et la fleur.
> En voyant du gibier, ils disent à l'odeur,
> De quel païs il vient. Ces hommes admirables;
> Ces palets delicats; ces vrais amis des Tables,
> Et qu'on en peut nommer les dignes souverains,
> Sçavent tous les Costeaux où croissent les bons vins,
> Et leur goust leur ayant acquis cette science,
> Du grand nom de Costeaux on les appelle en France. (ll. 396–406)

44. Louis-Élisabeth de La Vergne de Tressan, *Œuvres diverses de M. le comte de Tressan* (Amsterdam and Paris: Cellot, 1776), p. 439.
45. Saint-Évremond, *Œuvres de Monsieur de Saint-Évremond*, I, 30–32.
46. On the importance of analytical distinctions in the new seventeenth-century culinary idiom, see Pinkard, p. 3.

By linking taste to place, and both to identity, the *coteaux* anticipate the more recent notion of *terroir*.[47] Precursors to today's 'foodies', who know where to procure the freshest produce or an inexpensive but excellent *vin de propriété*, they adroitly navigate a rich and complex gastronomic landscape. It is this expertise that makes them 'les dignes souverains des tables' — a kind of royalty of taste. For their critic Oronte, however, this fastidiousness is a target of ridicule:

> Il n'est que deux Costeaux dont vous aymiez le vin,
> D'un endroit seulement vous estimez le pain;
> D'un tel ce sont les fruits, d'un autre la viande (ll. 451–53)

Oronte's rejoinder, undoubtedly inspired by the Lavardin episode described by Saint-Évremond's biographer, appeals to a long tradition — most famously represented by Michel de Montaigne — according to which fussiness was the mark of an unhealthy attitude toward food.

## Saint-Évremond and the Champagne Connection

The *coteaux* were especially associated with one individual, Charles de Saint-Évremond, and one particular region, Champagne. In his writings, especially during his exile in England, Saint-Évremond transforms the learned Epicureanism of his friend Pierre Gassendi into a worldly *art de vivre* in which the pleasures of the table play a central role.[48] In a letter written to the recently disgraced comte d'Olonne, Saint-Évremond singles out the wines of the Champagne region, particularly the three *coteaux* of Ay, Avenay, and Hautvilliers:

> N'épargnez aucune dépense pour avoir des Vins de *Champagne*, fussiez-vous à deux cents lieuës de *Paris*. Ceux de *Bourgogne* ont perdu leur crédit avec les gens de bon-goût, et à peine conservent-ils un reste de vieille réputation chez les Marchands. Il n'y a point de Province qui fournisse d'excellens Vins pour toutes les saisons que la *Champagne*. Elle nous fournit le Vin d'*Ay*, d'*Avenet*, d'*Auvilé*, jusqu'au Printems; *Tessy*, *Sillery*, *Versenai*, pour le reste de l'année. Si vous me demandez lequel je préfere de tous les Vins, sans me laisser aller à des modes de goûts qu'introduisent de faux Délicats, je vous dirai que le bon vin d'*Ay* est le plus naturel de tous les Vins, le plus sain, le plus épuré de toute senteur de Terroir; d'un agrément le plus exquis, par son goût de pêche qui lui est particulier, et le premier, à mon avis, de tous les goûts. *Léon X. Charles-Quint. François I. Henri VIII.* avoient tous leur propre maison dans Ay, ou proche d'*Ay*, pour y faire plus curieusement leurs provisions. Parmi

---

47. Amy B. Trubek, *The Taste of Place: A Cultural Jouney into 'Terroir'* (Berkeley and Los Angeles: University of California Press, 2008). On the history of champagne, see Patrick Forbes, *Champagne: The Wine, the Land, and the People* (London: Raynal, 1967).
48. See Quentin M. Hope, *Saint-Évremond: The 'Honnête Homme' as Critic* (Bloomington: Indiana University Press, 1962).

les plus grandes affaires du monde qu'eurent ces grands Princes à démêler, avoir du Vin d'*Ay* ne fut pas un des moindres de leurs soins.[49]

Here, Saint-Évremond provides a precise rationale for his predilection for the wines of Ay (also touted in *Les Costeaux*). Because they are the least 'earthy' of the Champagne wines ('le plus épuré de toute senteur de terroir'), they are the best suited to the heightened sensibilities of the true *délicat*. Ironically, then, it is not the presence of a *goût de terroir*, but rather its absence that marks these wines as coming from a specific place.

The key term here, as elsewhere in the culinary discourse of the seventeenth century, is *délicat*. Inspired by Epicurus, Saint-Évremond's moderation is not a form of self-denial, but rather a kind of aesthetic equilibrium that enhances pleasure by finding the *juste mesure* of consumption, balancing the pleasures of the moment with those to come. Saint-Évremond applies his principles to food as well as drink. In his adopted England, he is a fan of oysters from Colchester, lamb from Bath, and rabbit from Windsor.[50] He advocates simple sauces and rejects rare meats and strong spices as unhealthy.

The Epicurean philosophy advocated by Saint-Évremond and other of his contemporaries undoubtedly played a significant role in the seventeenth-century 'revolution in taste'. It provided a philosophical defence against the traditional Christian notion that taking pleasure in food was a form of sinful gluttony and legitimized the idea that all aspects of living could possess a genuinely artistic dimension. Most importantly, it anticipated the great cultural shift toward the valorisation of senses and sensibility in the late seventeenth and eighteenth centuries.

As an aside, it is unlikely that the *coteaux* were referring to effervescent wines when they touted the virtues of Champagne wines.[51] The play predates the first attested refererence to 'sparkling' wines from the region in Etherege's English Restoration comedy *The Man of Mode* in 1676.[52] Even without bubbles, however, Champagne was already a trendy, cosmopolitan beverage. To some extent, the fashion for the still wines of Champagne derived from the fact that the region played an important role in the ceremonial life of the French monarchy. Kings were anointed at Rheims, and local producers provided wines for the festivities.[53] Another factor was the number of influential Parisian families who owned land in the prime wine-growing areas of the region. During the seventeenth century,

---

49. Charles Saint-Évremond, *Œuvres meslées*, II, 35–36.
50. Quentin M. Hope, 'Saint-Évremond and the Pleasures of the Table', p. 26.
51. Roger Dion, *Histoire de la vigne et du vin en France* (Paris: Flammarion, 1977), pp. 36–41. Thomas Edward Brennan, *Burgundy to Champagne: The Wine Trade in Early Modern France* (Baltimore: Johns Hopkins University Press, 1997), p. 248.
52. George Etherege, *The Plays of Sir George Etherege* (Cambridge: Cambridge University Press, 1982), pp. 298–99.
53. Dion, p. 684.

finally, champagne began to acquire a more cosmopolitan and international reputation. In England, at least, this trend may be at least in part attributable to the influence of Saint-Évremond himself, who travelled in the rarefied circles of London high society, including that of the prominent exile Hortense Mancini.[54]

### Parasites Fictional and Real

*Les Costeaux* undoubtedly sought to ride the wave of the 'revolution in taste' in order to appeal to a fashion-conscious Parisian audience. At the same time, however, the play also mobilized a number of time-honoured literary devices. In an important passage, Oronte (the *raisonneur* of *Les Costeaux*) rails against the other dinner guests, calling them 'Parasites d'honneur, qui dans la France entiere | Ne trouvez pas assez dequoy vous satisfaire'. With the allusion to 'parasites', the play simultaneously invokes literary tradition and contemporary reality.

The parasite was a familiar figure in the comic tradition. In particular, it was a mainstay of Roman comedy, appearing regularly in the plays of Terence and Plautus, as well as in narrative works, such as Petronius's *Satiricon*. Gnathon, from Terence's *Eunuch*, describes the stereotypical relationship between parasites and their patrons:

> There's a class of men who want to pass as outstanding in everything, but who aren't; they're the ones I hunt down. I don't lay myself on as entertainment for *them*; I'm the one who laughs at *their* jokes, and I praise their wit at the same time. Whatever they say, I express my approval; if they say the opposite, I approve of that too! If a man says no, I say no; if he says yes, I say yes. In short, I've given orders to myself to agree to everything. That's the trade with the fattest profits nowadays.[55]

Parasites such as Gnathon had their real-life counterparts in Roman society, which was built upon a complex network of patronage relationships.[56] Entertaining was of course a form of conspicuous consumption, but it also was a means for fostering loyalty, which was the currency of the patronage system. The parasite exploited this system: instead of reciprocating with loyalty, he paid for his place at the table with base flattery and hypocrisy. The figure of the parasite was thus the embodiment of the moral limitations and ambiguities of Roman society.

French comedy inherited this figure of the parasite from the Roman tradition. In his *Dictionnaire*, Furetière defines *parasite* as 'escornifleur, picqueur

---

54. Jean-Louis Flandrin, 'L'Invention des grands vins français et la mutation des valeurs oenologiques', *Eighteenth-Century Life*, 23 (1999), 24–33 (pp. 24–25).
55. Terence, *The Comedies*, ed. and trans. by Peter Brown (Oxford and New York: Oxford University Press, 2006), p. 164.
56. Richard Saller, *Personal Patronage Under the Early Empire* (Cambridge: Cambridge University Press, 2002).

d'escabelle, qui va disner à la table d'autruy sans y estre invité', and comments that 'ils sont l'objet des Satyres et des Comedies'.⁵⁷ Barely a decade before *Les Costeaux*, François Tristan L'Hermite had given the *parasite/écornifleur* a new prominence with the character of Fripesauce, in his *Parasite* (1653). As his name would suggest, Fripesauce is a typical Rabelaisian glutton, utterly lacking in the sophisticated taste of a *coteau*. 'Je voudrais estre aveugle et manger à toute heure', he brazenly admits.⁵⁸

Like ancient Rome, seventeenth-century France had a patronage system and its own share of real-life parasites.⁵⁹ The latter were also known variously as 'chercheurs de midi' and 'escornifleurs'. 'Escornifler', according to Furetière, meant to 'aller disner chez autruy sans y estre invité, par un esprit de goinfrerie, ou d'espargne'.⁶⁰ The most notorious seventeenth-century parasite was Pierre de Montmaur (d. 1650), professor of Greek literature at the Collège de France. Montmaur, whose fondness for food was only rivalled by his notorious pedantry, is known primarily to posterity through a number of satires.⁶¹ Paul Scarron wrote a 'Requeste de Faimmort parasite à un president' describing Montmaur's falling out with the Président de Mesmes.⁶² According to Pierre Bayle, who gives him a lengthy entry in the *Dictionnaire historique et critique*, 'Il aimoit la bonne chere; il alloit manger chez les Grands plus souvent qu'il n'eût falu; il y parloit avec trop de faste'.⁶³ For Boileau, finally, he is the role model for all literary parasites:

> [...] *Colletet*, crotté jusqu'à l'échine,
> S'en va chercher son pain de cuisine en cuisine,
> Savant en ce mettier, si cher aux beaux Esprits
> Dont *Montmaur* autrefois fit leçon dans Paris.⁶⁴

In each example, Montmaur combines excess and impropriety at the table with the intellectual excesses and improprieties of pedantry.⁶⁵

57. *DU*, III, sig. [D]ᵛ.
58. François Tristan L'Hermite, *Le Parasite* (Paris: Courbé, 1654), p. 5.
59. Peter William Shoemaker, *Powerful Connections: The Poetics of Patronage in the Age of Louis XIII* (Newark: University of Delaware Press, 2007); Sharon Kettering, *Patrons, Brokers, and Clients in Seventeenth-Century France* (Oxford and New York: Oxford University Press, 1986).
60. *DU*, II, sig. 5a3ᵛ.
61. Bayle, *Dictionnaire historique et critique*, III, p. 419. On the affair, see Mark Bannister, 'The Montmaur Affair: Poetry Versus Pedantry in the Seventeenth Century', *French Studies*, 33 (1979), 397–410.
62. Paul Scarron, *Recueil de quelques vers burlesques* (Paris: Quinet, 1645), pp. 79–84.
63. Pierre Bayle, *Dictionnaire historique et critique*, 5th ed, 4 vols (Amsterdam: Brunel, 1715), III, 416.
64. Nicolas Boileau-Despréaux, *Les Premières satires de Boileau*, ed. Antoine Adam (Lille: Bureaux de la revue d'histoire de la philosophie, 1941), p. 162 (ll. 105–8).
65. It is perhaps significant that the copy of *Les Costeaux* in the collections of the Staatliche Bibliothek in Ansbach is bound together with Jean-Louis Guez de Balzac's *Le Barbon*, a satire on pedantry at least partly aimed at Montmaur.

By combining the figure of the parasite with the figure of the aristocratic epicure (*à la* Saint-Évremond), *Les Costeaux* creates a new comic type. What differentiates the *coteaux* from traditional parasites is the fact that the former have internalized the social and aesthetic values of the Parisian *monde*. If they remain objects of satire, it is not through their lack of manners or refined tastes, but rather through an *excess* of these. In some respects, indeed, they bear a strong family resemblance with Molière's *précieuses*. Of course, the *précieuses* — as Molière represents them in his *Précieuses ridicules* (1659) — shun the pleasures of the flesh, and they are female. Nonetheless the *coteaux* share their exaggerated fastidiousness, their attention to fine distinctions, and their preference for form over function. This is the significance (as Oronte notes) of the *coteaux*'s disdain for simple foodstuffs: they have abandoned the functional aspects of eating and the rudiments of genuine good cooking in favour of an over-refined, empty *délicatesse*.

### Other Influences

In addition to the sources mentioned above (Terence, Plautus, the *commedia* and farce traditions, etc.), it is highly probable that the author of *Les Costeaux* was familiar with Horace's *Satires*, which contain numerous culinary passages. Most notable among these is Nasidiensus's dinner (*Satire* 2.8). Nasidiensus, with his elaborate tastes and penchant for talking about food, provides a likely model for the *coteaux*:

> What was laid
> out next for us was moray eel arrayed
> upon a plate entirely surrounded
> by shrimp swimming. Then the host expounded,
> 'This was caught while pregnant, since the meat
> degrades as soon as spawning is complete.
> The sauce's recipe was: oil (first-pressed)
> from the Venafran cellar that's the best;
> fermented Spanish fishgut sauce; a wine
> that's five years old and nurtured on a vine
> from native shores — but only with some heat
> (when warmed up, Chian wine just can't be beat!);
> white pepper, vinegar that comes from spoiling of
> Methymnean grapes. I taught the boiling
> of green rocket with sharp elecampane
> in sauce before those others. In that vein,
> Curtillus used unwashed sea-urchin juice
> because brine fails to match what the shells produce'.[66]

---

66. Horace, p. 114.

And of course there is a strong native French tradition of literary *encomium* of food, featuring such major authors as Rabelais and Saint-Amant, as well as the often anonymous literature of the cabaret, which may have influenced *Les Costeaux*. Rabelais, for instance, establishes a thematic parallel between the appetite for food and the appetite for knowledge, although the idea that fine eating *in itself* represents a special kind of knowledge is largely absent. Rather than focusing on discernment and discrimination, his gastronomic discourse instead valorises abundance and frank sensuous enjoyment.

The influence of Molière is perceptible throughout *Les Costeaux*. Like *Les Précieuses ridicules* and *L'Impromptu de Versailles*, it is a one-act play dealing with contemporary cultural fashions. More generally, the *coteaux* share the single-mindedness of familiar characters such as Arnolphe (from *L'École des femmes*) and Orgon (from *Tartuffe*). Fine eating has become an all-consuming passion for them, impairing their ability for normal human interaction. To a lesser extent, their host Thersandre is prey to his own obsession with social advancement, which leads him to indulge his guests in a desperate play for their approval. (See the detailed thematic analysis of the play, below.) If the *coteaux* and Thersandre evoke Molière's monomaniacal personalities, Oronte recalls Molière's *raisonneurs*, pillars of common sense such as Crysalde in *L'École des femmes* or Cléante in *Tartuffe*. Oronte chides the *coteaux* for their parasitical proclivities and lampoons them for their culinary snobbishness. We have already noted his remark that it would be better to eat fresh produce in season than to seek out peas that had been grown in manure. He also mocks the disdain that the *coteaux* show for simple, but nourishing foods such as turkey: 'Vous estes delicats, | Et de si gros morceaux ne vous nouriroient pas.'

Although *Les Costeaux* is little more than a brief sketch, hints of Molière's famed comic naturalism can be detected within the play, such as the scene between Lucinde and her mother Mélinte, in which the latter instructs her slouching daughter on how to carry herself in public. This scene, which is extraneous to the culinary satire, is both believable and entertaining. The influence of Molière is noticeable in the verse dialogue, as well. The play is filled with quickwitted repartee, such when the *coteaux* discover that they have missed the hour for eating dinner:

> LEANDRE *en prenant sa monstre.*
> Voyons quelle heure il est.
>
> CLIDAMANT *en regardant avec luy.*
> Hé bien Comte quelle heure?
>
> LEANDRE.
> Plus d'une heure et demie.
>
> CLIDAMANT.
> Ah! c'est trop ou je meure.

ORONTE à Clidamant.
Un coc-dainde à present ne te feroit pas peur;
Mais te fait-on ainsi souvent diner par cœur? (ll. 509–12)

The quick pace of the responses is reinforced by the use of both terminal rhymes (*heure/meure, peur/cœur*) and internal rhymes (*heure* repeated twice), which serve to communicate a comic sense of urgency. Other passages bear a more direct imprint of Molière's influence, such as when Clidamant describes the *coteau* Léonte: 'Il sçait certain moulin, où l'on prend des Pigeons; | Mais ce sont des Pigeons, des Pigeons, mais si bons | Que dans toute la France, ils n'ont point de semblables.' There is a possible echo, in the repetitive comic structure of these verses, of Orgon's famous description of Tartuffe: 'Mon frère, vous seriez charmé de le connaître, | Et vos ravissements ne prendraient point de fin. | C'est un homme … qui … ha! … un homme … un homme enfin!'. *Tartuffe* had been first performed barely six months earlier in May 1664 and the scandal of the play's suppression was still a hot subject of conversation.

The case of Boileau's influence is complicated. As we have seen, his third *Satire*, clearly influenced by Horace, mentions a 'certain Hableur, à la gueule affamée, | Qui vint à ce festin, conduit par la fumée: | Et qui s'est dit Profés dans l'ordre des Coteaux'. Antoine Adam dates the final version of this satire to late 1665 or early 1666, approximately one year *after Les Costeaux*. Was Boileau influenced by *Les Costeaux*, or did the author of the latter see a primitive draft of the third *Satire* that may have been circulating at the time, or was the idea of the *coteau* simply in the air?[67] Nothing can be determined with certainty.

It is conceivable that *Les Costeaux* may have influenced other well-known literary texts. La Bruyère's Cliton, from *Les Caractères*, picks up a number of the distinctive traits of the *coteau*. He has a discerning palate ('un palais sûr, qui ne prend point le change') and has converted eating into an art form ('[il]… a porté le talent de se bien nourrir jusques où il pouvait aller'). Food is the sole subject of his conversation and he has mastered its vocabulary ('il possède le langage des cuisines autant qu'il peut s'étendre'). In sum, La Bruyère notes dryly, '[c]'est un personnage illustre dans son genre'.[68]

We have seen that Molière's influence on *Les Costeaux* is unquestionable (and hardly surprising given his meteoric rise to the top of his profession). What about the possible influence of *Les Costeaux* on Molière? The most intriguing evidence comes from the scene in the *Bourgeois gentilhomme* in which the gentleman Dorante entertains Dorimène at Monsieur Jourdain's table. Dorante closely resembles Clidamant in *Les Costeaux*, who dines at the table of his rival (for a lady's affections). Molière, however, introduces a twist: Dorante is doubly

---

67. Boileau, *Les Premières satires*, p. 168.
68. La Bruyère, pp. 317–18.

a parasite, not only enjoying the table of his Jourdain, but usurping the role of host. Even his culinary discourse is parasitic. Dorante pretends to offer simple fare to Dorimène, but through preterition, he furnishes a gastronomical tableau worthy of a *coteau*:

> Comme c'est moi qui l'ai ordonné, et que je n'ai pas sur cette matière les lumières de nos Amis, vous n'avez pas ici un Repas fort savant, et vous y trouverez des incongruités de bonne chère, et des barbarismes de bon goût. Si Damis s'en était mêlé, tout serait dans les règles; il y aurait partout de l'élégance et de l'érudition, et il ne manquerait pas de vous exagérer lui-même toutes les pièces du Repas qu'il vous donnerait, et de vous faire tomber d'accord de sa haute capacité dans la science des bons morceaux; de vous parler d'un Pain de rive, à biseau doré, relevé de croûte partout, croquant tendrement sous la dent; d'un Vin à sève veloutée, armé d'un vert qui n'est point trop commandant; etc...[69]

Like the characters from *Les Costeaux*, Dorante transfers the vocabulary of literary aesthetics to the table. His references to 'bon goût', 'les règles', 'l'élégance', and 'l'érudition' recall the expression that the *coteau* Léandre had used to describe a sublime meal: 'tant d'ordre avec tant d'abondance'. Molière's genius, of course, lies in the manner in which he develops the possibilities of the figure of the parasite (culinary parasite, amorous parasite, discursive parasite) in order to create an unforgettable comic character in Dorante.[70]

Ultimately, it is questionable whether La Bruyère, Boileau, and Molière were influenced by *Les Costeaux*. Nevertheless, their work provides evidence for the existence of an important literary *topos* that emerges in the second half of the seventeenth century. The 'science des bons morceaux' (as Molière/Dorante calls it) and its adepts had become objects of satire.

## Thematic Analysis

The first lines of *Les Costeaux* establish food as a kind of master trope for the power relations underlying the social order. Thersandre presents himself as socially ambitious and his lavish entertaining as a means for asserting his social status by demonstrating his *générosité* ('ame Royalle').

> Tu me blasmes à tort de ce que je tiens table;
> Apprens que des plaisirs c'est le plus agreable,
> Et si tu veux, enfin, que je m'explique mieux,
> Apprens que ce plaisir plaît aux ambitieux;
> Que je n'en trouve point aujourd'huy qui l'égalle;

---

69. Molière, *Œuvres complètes*, ed. by Georges Forestier and Claude Bourqui, 2 vols (Paris: Gallimard, 2010), II, 315.
70. On food in Molière, see Ronald W. Tobin, *Tarte à la Creme: Comedy and Gastronomy in Molière's Théâtre* (Columbus: Ohio State University Press, 1990).

Qu'en l'aymant je fais voir que j'ay l'ame Royalle;
Et qu'en montrant par là ma generosité,
De tous nos Courtisans je me vois respecté. (ll. 1–8)

It should be noted that Thersandre's social background is ambiguous. The distribution of roles describes him as an 'homme de qualité' and he takes care to remark that he is merely seeking to lead a lifestyle appropriate to his birth ('naissance'). 'Homme de qualité', however, is a broad term and it seems doubtful that Thersandre belongs to the ancient warrior nobility or the fashion-setting court aristocracy. It is revealing, for example, that Thersandre's valet Damis warns him that his rival, Clidamant, combines two attractive qualities that could prove irresistible to Lucile and her mother, 'naissance' and 'richesse'. Since Thersandre does not seem to be lacking in wealth, we are left with the suspicion that his birth is less than unimpeachable. Elsewhere within the play, moreover, there are subtle suggestions that he is close to the *milieu* of the magistrates, or *nobles de robe*. He refers, for instance, to influential friends ('mes amis') whose help he plans to solicit on behalf of Lucile and her mother in their lawsuit.

Thersandre's attitude toward his courtier guests, moreover, is itself ambiguous. At first, he seems to value their approval ('De tous nos Courtisans je me vois respecté'). Indeed, Thersandre's dinner parties can be understood as a way of *purchasing* the respect — or at least the outward marks of respect — of his social betters. This *quid pro quo* dimension is revealed in the language that he uses: 'Et que chacun, enfin, me *paye* son *écot*, | Par un conte agreable, ou par quelque bon *mot*' (ll. 35–36). At the same time that he seeks the validation of his guests, however, Thersandre also takes gratification in reducing them to the state of slaves begging for a meal ('Ils ne viennent chez moy qu'en Esclaves sousmis' [ll. 12]). He is thus caught in a classic paradox: to the extent that he seeks the approval of the *courtisans*, he confirms their superiority, but if he humiliates them, there is no one to validate his victory.

Thersandre's *mot/écot* rhyme establishes an equivalence between speaking and eating that runs throughout the play. The *coteaux*, notably, distinguish themselves by way of their *mouths*. First of all, they set themselves apart from commoners through their patterns of consumption. Clidamant, for example, insists on eating green peas 'avant tous les Bourgeois'. Furthermore, they are able to use their palates to make fine discriminations between tastes, determining whether a pigeon is from Compiègne or Saint-Germain. To paraphrase Pierre Bourdieu, the *coteaux* distinguish themselves by the distinctions that they make.[71] This is the basic principle that underlies an aristocracy of taste, and it is applicable to the literary and the fine arts, as well as food. Finally, the *coteaux* are virtuosi of gastronomic discourse: they know how to talk about food. This is a function both of verbal creativity and of knowledge.

---

71. Pierre Bourdieu, *Distinction. Critique sociale du jugement* (Paris: Minuit, 1979).

Thus, Léandre, in Scene 11, tests Clidamant on his knowledge of Parisian tables:

> **CLIDAMANT.**
> Je sçay comme on y sert: [aux bonnes tables]
>
> **LEANDRE.**
> Tu le sçays?
>
> **VALERE.**
> Je le croy.
>
> **LEANDRE.**
> Voyons s'il le sçait bien.
>
> **CLIDAMANT.**
> Je le veux par ma foy.
>
> **LEANDRE.**
> Ariston?
>
> **CLIDAMANT.**
> D'Ariston la table est raisonnable.
>
> **VALERE.**
> Et de Lisandre?
>
> **CLIDAMANT.**
> Elle est tout à fait pitoyable. (ll. 315–18)

The exchange between Clidamant and Valère is a kind of gastronomic duel — an aristocratic competition based on culinary knowledge. Valère repeatedly challenges Clidamant to prove that he is 'in the know' regarding the best tables in Paris. This kind of back-and-forth occurs repeatedly throughout the play as the *coteaux* test each other and jockey for superiority. In these exchanges, *saveur*, *savoir*, *discours*, and *pouvoir* are closely aligned: it is through discourse on food that the *coteaux* affirm their social capital.

In many respects, therefore, Thersandre and the *coteaux* are playing the same game, using food and the discourse around food as a substitute for traditional forms of aristocratic distinction (birth, valour, etc.). Here, *Les Costeaux* uses the prohibition of depicting eating on the stage to dramatic effect: as the afternoon and the play itself draw on, the *coteaux* grow more and more famished. As they realize that no meal is forthcoming, desperation sets in: is it still possible to find a table where they can dine; or will they have to wait for the evening *souper*; or will it become necessary to actually *pay* for their meal (at a *traiteur*)? They are literally in the position of having to 'chercher midi à quatorze heures'.

Food and its consumption thus function as aristocratic signifiers. But there is also a more primal dimension to the alimentary metaphor, where the niceties of taste give way to the logic of physical necessity. It may be possible to elevate eating into an art, but at the most basic level, it remains an animalistic need that reduces even courtiers to servitude and desperation. (Recall Thersandre's language: 'Ils ne viennent chez moy qu'en Esclaves sousmis.') This almost Hobbesian struggle for survival comes to the fore when Clidamant responds to Oronte's criticism that he should not take advantage of Thersandre's generosity, as the two are rivals for Lucile's affections: 'Puis qu'il est mon rival, il faut que je le mange, | Et je ne trouve pas qu'on s'en doive estonner' (ll. 374–75). The *Dictionnaire de l'Académie* (1694) notes that 'On dit fig. Ses valets le mangent, ses chiens le mangent, les femmes le mangent, pour dire, Le ruinent, le consument en despense', and this is clearly the figurative meaning of the expression.[72] But there is also a hint of savage violence behind Clidamant's words. Beneath the thin veneer of polite society, there is a subtext of sexual competition between Thersandre and Clidamant.

In this light, the long scene between Lucile and her mother Mélinte is not merely a comic interlude, although it serves that purpose very effectively. Rather, Mélinte's somewhat vulgar injunction to her daughter to stick out her chest ('faites des tetons') serves to advertise the latter's (sexual) availability. To borrow a contemporary expression, Lucile becomes a 'piece of meat', to be consumed in the same manner as a succulent partridge or well-seasoned *ragoût*. This tone of sexual innuendo returns when Clidamant discovers that Thersandre, Lucile, and the latter's mother dined together while he and his friends waited for their meal to arrive: 'Avec de tels objets', he dryly notes, 'l'on peut avoir affaire' (l. 562). *Objet*, of course, is part of the conventional vocabulary of seventeenth-century gallantry. Here, however, it takes on a supplemental meaning due to the earlier passage in which Mélinte self-consciously grooms her daughter as an object of desire.

*Les Costeaux*, in sum, sets up a distinction between food-as-material-necessity and food-as-discourse, recapitulating the oft-repeated rhetorical distinction between *res* and *verba*. Here, the play touches one of the principal philosophical preoccupations of the period: the uneasy relationships between things and words, *être* and *paraître*. The *coteaux* seek to ennoble food (and themselves, by extension) by transforming it into a rarefied form of discourse. But we are invited to ponder whether there is anything genuine or authentic behind this sophisticated language. Food is discussed *ad nauseam*, but never consumed.[73]

Of all of the characters in the play, the servant Damis is the most lucid about the situation. Because he does not participate in the competition for status, he is

---

72. *AF*, II, 19.
73. There is an echo, here, of the emergence of a literacy sphere focused on language, rather than political or religious polemics. See Hélène Merlin, *L'Excentricité académique* (Paris: Les Belles Lettres, 2001).

conscious of real stakes beneath the social game that Thersandre and his guests are playing. That is not to deny that he is driven by self-interest; rather it is precisely his self-interest that enlightens him. In an important soliloquy in Scene 7, Damis describes the social disruption caused by *coteaux*. In the normal course of events, servants cater to the tastes of their masters and in exchange enjoy the leftovers of the magnificent meals they prepare. The *coteaux*, however, have disrupted this hierarchical logic:

> Il le faut avoüer, l'on est bien miserable,
> Lors que l'on a pour maistre un homme qui tient table,
> Et l'on doit bien pester contre les gens de Cour,
> Qui veulent, à disné, manger pour tout le jour;
> Cette mode me nuit, et souvent elle est cause,
> Que je vois avorter ce que je me propose.
> Dans ma chambre j'avois deux de mes amis hier,
> Et je ne pûs jamais avoir un plat entier,
> Ceux qui vinrent, ayant suivant leur destinée,
> Manger hier à disné pour toute la journée.
> Je ne m'en plaindrois pas s'ils nous laissoient en paix,
> Mais ils font quereller officiers et valets,
> Il faut chercher leur goust, et non celuy du Maistre (ll. 189–201)

The *coteaux* undermine the social order because they assume the roles of *both* master and servant. They assume the role of master of the house when they dictate the details of the preparation of the meal ('Il faut chercher leur goust, et non celuy du Maistre'). But they usurp the customary privileges of the servants when they stuff themselves, leaving nothing for those below them in the social order. By denying the *coteaux* their meal, the resourceful valet Damis restores things and people to their proper places: Thersandre is again the master of his home and his servants will henceforth be well fed.

If Damis provides a perspective from below, Oronte provides a critique of the *coteaux* from the point of view of a peer, repeatedly chiding them for their failure to *reciprocate* in kind. According to Oronte, they only know how to consume, not to entertain, and they repay their hosts with ungrateful criticism:

> Mais vous devriez sçavoir que dedans un repas,
> L'on ne doit point blasmer ce qu'on ne paye pas:
> Que de ceux où l'on mange on ne doit point medire,
> Et que c'est mal agir d'en faire une satire.
> Cependant vos discours me font paroistre assez
> Que par là, seulement, vous les recompensez (ll. 455–60)

Properly ordered social relations imply both hierarchy and reciprocity. Each social group has its place in the hierarchical structure, with its privileges and its responsibilities. At the same time, reciprocity allows for authentic relationships between social equals. Ironically, the model for this reciprocity is provided by the servant Damis and his friends, who share the leftovers from their masters' tables.

Although it is not developed in much detail, the marriage plot suggests another possible alternative to the competitive and inauthentic world of the *coteaux*. Thersandre's attitude to courting Lucile is quite different from his attitude toward his guests. While he wants to reduce the latter to kind of slavery, he is above all concerned that Lucile 'se rende d'elle-même' (l. 54) — that she surrender voluntarily. Indeed, after asking Mélinte for her daughter's hand, he takes care to confirm that this arrangement conforms to Lucile's wishes: 'Puis-je esperer Madame ... ?'. This is in sharp contract to Lucile's mother, who is eager to move on ('Ne perdons point le temps en discours superflus' [l. 585]). Unlike his relations with the *coteaux*, Thersandre's attitude toward Lucile is marked by solicitude and a desire for reciprocity.

Lucile, for her part, manages to escape from the role as object of desire that her mother assigns her, and becomes an agent of desire in her own right. Upon meeting Thersandre, she discovers erotic feelings that she does not fully understand: 'Bien que j'ayme à le voir, le cœur me bat, je tremble'. The portrayal of the young girl who does not understand the physical symptoms that accompany feelings of love is a familiar mainstay of seventeenth-century drama. Within the context of the play, however, it carries a particular significance. In contrast to the competitive conspicuous consumption of the *coteaux*, Lucile's innocent passion offers an example of authentic desire — one that comes from the heart and that is oriented toward reciprocity. The romantic subplot can thus be seen as a counterpoint to the primary theme of social satire.

## Conclusion

There are hints of dramatic talent and deep intelligence in *Les Costeaux*, but they are never really developed. Instead, what ultimately stands out is the verve of the satire of contemporary gastronomy. This is undoubtedly what fascinated seventeenth-century spectators and readers, and it will presumably be the primary attraction for a twenty-first-century audience. As we enter into the second decade of the twenty-first century, gastronomy is again in fashion and a relatively new area of scholarly inquiry — Food Studies — is all the rage in academia, with a slew of journals, monographs, and university-level courses devoted to the subject, especially in North America. We are thus ideally situated to enjoy and appreciate *Les Costeaux*, a play whose subject is the ways in which food functions as both a mode of discourse and a vehicle of social power.[74]

---

74. 'En achetant un aliment, en le consommant et en le donnant à consommer, l'homme moderne ne manie pas un simple objet, d'une façon purement transitive; cet aliment résume et transmet une situation, il constitue une information, il est significatif.' Roland Barthes, 'Pour une psycho-sociologie de l'alimentation contemporaine', *Annales*, 16 (1961), 977–86 (pp. 979–80).

Historians repeatedly caution us that a great historical gulf separates us from the seventeenth century and that we should be sensitive to difference. This is an important lesson, but arguably one of the primary attractions of Food Studies is the way in which it brings the past to life in terms that are intelligible in the present, even when we remind ourselves how different things were 'back then'. However distant their world may be from ours, the *coteaux* themselves seem strikingly modern. We recognize not only their snobbery, but more importantly the way in they seek self-definition and self-fulfilment in consumption. In a sense, we have all become *coteaux*.

# ESTABLISHMENT OF THE TEXT AND EDITORIAL PRACTICE

∼

The permission for *Les Costeaux ou les marquis frians* is dated 28 January 1665, and was obtained by 'Gabriel Quinet Marchand Libraire au Palais'.[75] Quinet, in turn, shared the permission with Thomas Jolly and Estienne Loyson, a practice that was common at the time. The same year, Quinet and Jolly had published Quinault's *Astrate* and in 1663, all three publishers had collaborated with Guillaume de Luyne on the publication of Molière's *L'École des femmes* (along with Guignard le fils, Sercy, and Barbin). Quinet, Jolly, and Loyson were all specialists in literary material, generally, and dramatic material, more specifically.

Nine copies of the play, all of which bear the same date and the same publication information, were consulted for this edition. They fall into two families, depending upon whether the text of the play is 36 or 38 pages long. The 36-page copies (Bibliothèque Nationale, Newberry Library, University of Chicago, British Library, Bibliothèque Mazarine, Bibliothèque de l'Arsenal, Staatliche Bibliothek/Ansbach, and Herzog August Bibliothek/Wolfenbüttel) differ only in the typesetting of liminal materials (title page, *au lecteur*, and *permission*) and only in minor, cosmetic ways (engraved decorations, type placement). Otherwise, the presentation of the text is the same. The liminal materials were presumably printed separately and bound together with the three signatures that correspond to text of the play itself. Finally, there are hints that at least two different typesetters worked on the text: *dîner* is spelled *disner* up to line 391 and *diner* subsequently.

The sole 38-page copy (a copy from Harvard University bearing a Thomas Jolly imprint) represents an entirely different typesetting of the text, with a small number of divergent readings. The few substantive variants are clearly inferior to the lessons of the 36-page copy. For example, when Mélinte responds to her daughter Lucille's complaint that she is being unreasonably scolded about her appearance, the 38-page copy reads 'Dequoy vous plaignez-vous? vous fais-je débaucher?', while the 36-page copy reads 'Dequoy vous plaignez-vous? vous fais-je déhancher?'. Given the focus on what constitutes proper and/or ridiculous posture in the dialogue of this scene, 'déhancher' (to swing one's hips) fits much

---

75. It is curious that *Les Costeaux* received a relatively rare *permission* from the *baillif du palais* rather than the much more common *privilège*.

better than 'débaucher'. The 38-page copy shares some of the mistakes found in the 36-page copies, including a misattributed line of dialogue, which suggests that the 36- and 38-page copies were set from the same manuscript or that one printed copy was the basis of another. Given these facts, a plausible hypothesis emerges: the 36-page copies, which survive in greater numbers, were printed first, with different title pages for different *libraires*. At some point, perhaps because of unexpected demand, Thomas Jolly needed additional copies. Since the type had been broken up, he had the play reset from scratch, using a spare 36-page copy or a manuscript copy. This would account for the Harvard copy, in which a couple of errors were introduced, but spelling was normalized (for example, for the word *disner*).

As far as we know, this ends the publication history of *Les Costeaux* in the seventeenth century. Perhaps because it was a topical play, the comedy was not printed again until the 19th century, when it appeared in Victor Fournel's *Les Contemporains de Molière*.[76] Fournel's text, however, is incomplete, leaving out 24 lines from Scene 5 (ll. 139–62). A seventeenth-century copy of the play was part of Alexandre Martineau de Soleinne's library and fetched a rather high price (31 francs) at the famous sale of Soleinne's collection after his death, in 1843.[77] Jacques-Charles Brunet, in his *Manuel du libraire et l'amateur de livres*, speculates that the elevated price was due to the subject of the play.[78] The nineteenth century was the golden age of French gastronomy, with such popular works as Alexandre Balthazar Laurent Grimod de La Reynière's *Almanach des Gourmands* (1803) and Jean Anthelme Brillat-Savarin's *Physiologie du goût* (1825). References to *Les Costeaux* abound in the more erudite gastronomical literature of the period, including George Vicaire's *Bibliographie gastronomique* (1890).

This text that I have chosen is the 36-page duodecimo edition, and I have used the copy held at the Bibliothèque Nationale de France. As I explain above, this is likely the first edition of the text. Variants in the 38-page Harvard copy are indicated in the notes.

I have silently amended faulty punctuation and word breaks when they affect meaning. For consistency, I have normalized the punctuation used for scene headings, speakers, and stage directions. I have resolved i/j and u/v and normalize the 'long s' in accordance with modern usage. Word separation and punctuation for 'peut-estre', 'quoyque', and 'puisque' follow modern modern usage, as well. When they affect meaning, I have corrected accents (*où* for *ou*, *à* for *a*, etc.).

---

76. Victor Fournel, *Les Contemporains de Molière, recueil de comédies, rares ou peu connues jouées de 1650 à 1680*, 3 vols (Paris: Didot Frères, 1863–1865), I, 331–54.
77. Georges Vicaire, *Bibliographie gastronomique* (Paris: Rouquette et Fils, 1890), p. 215.
78. Jacques-Charles Brunet, *Manuel du libraire et de l'amateur de livres*, 6 vols (Paris: Didot, 1860–65), V (1864), 1243.

When the first two letters of dialogue in a scene are capitalized, I have followed modern usage and changed the second letter to lower-case. Ampersands have been replaced by 'et'. Otherwise, spelling, capitalization, and punctuation follow the Bibliothèque Nationale copy except where indicated.

I have mostly reserved the footnotes for variants. Comments on the play itself are provided in endnotes. I have included an appendix with texts related to the *Ordre des Coteaux*.

LES | COSTEAVX | OV LES | MARQVIS FRIANS. | COMEDIE. | [bouquet of flowers 39x45 mm.] | A PARIS, | Chez ESTIENNE LOYSON, en la Galle- | rie des Pri_onniers au nom de Jesus | [rule 56 mm.] | M. DC. LXV. | *AVEC PERMISSION*

Collation: 12°, a$^4$ A–C$^2$. Pp. [i] title, [iii–iv] au lecteur, [v] permission, [vi] acteurs, [1]–36 text.

# LES

## COSTEAUX

### OU LES

#### MARQUIS FRIANS.

COMEDIE.

A PARIS,

Chez ESTIENNE LOYSON, en la Gallerie des Prisonniers au nom de Jesus

M.DC.LXV.

*AVEC PERMISSION*

## AU LECTEUR

*Je ne sçay si tu trouveras les Marquis Frians à ton goust. Peut-estre que si je t'avois traitté à cinq services tu aurois pû trouver quelque chose dans la diversité des mets, capable de te flater. Messieurs les Costeaux m'en avoient appresté beaucoup; mais elles n'ont pû toutes entrer dans un service, et que les unes estoient bonnes pour les entrées, et les autres pour l'entremets: J'ay crû ne te devoir pas servir avec tant de confusion, je ne t'explique point ce que c'est que Costeau; puisqu'il est amplement expliqué dans la piece. Pour ce qui regarde le sujet, tu n'y peux pas trouver beaucoup à redire, pource qu'il y en a fort peu, et que la piece n'est qu'une conversation. Elle est un peu misterieuse, ce qui me fait esperer qu'elle plaira à ceux qui connoissent les bonnes tables.*

## PERMISSION DE MONSIEUR *le Baillif du Palais*

Il est permis à Gabriel Quinet Marchand Libraire au Palais, d'imprimer, faire imprimer, vendre et debiter une Comedie intitulée; *Les Costeaux ou les Marquis Frians*: Et deffences sont faites à tout autre de l'imprimer, vendre ny debiter sans le consentement du dit Sieur, à peine de 500 liv. d'amande et de confiscation des Exemplaires. Fait à Paris ce 28. Janvier 1665.

Et ledit Sieur Quinet a fait part de la susdite Permission aux Sieurs Thomas Jolly, et Estienne Loyson, suivant l'accord fait entr'eux.

## ACTEURS

THERSANDRE, homme de qualité, Amant de Lucille.
MELINTE, Mere de Lucille.
LUCILLE.
CLIDAMANT, Marquis et Amant de Lucille.
LEANDRE, Comte.
VALERE, Marquis.
ORONTE, Chevalier.
DAMIS, Maistre d'Hostel de Thersandre.
ERGASTE, Valet de Thersandre.
CRISPIN, Valet de Clidamant.

*La Scene est dans une salle, au logis de Thersandre*

# LES COSTEAUX OU LES MARQUIS FRIANS.

## COMEDIE.

### Scene Premiere.

*Thersandre, Damis.*

**THERSANDRE.**
Tu me blasmes à tort de ce que je tiens table;
Apprens que des plaisirs c'est le plus agreable,
Et si tu veux, enfin, que je m'explique mieux,
Apprens que ce plaisir plaît aux ambitieux;
5  Que je n'en trouve point aujourd'huy qui l'égalle;
Qu'en l'aymant je fais voir que j'ay l'ame Royalle;
Et qu'en montrant par là ma generosité,
De tous nos Courtisans je me vois respecté.
Tu sçais qu'ils ont pour moy beaucoup de complaisance;
10 Qu'en cent occasions j'ay veu leur déferance;
Que je regne sur eux, et qu'enfin cher Damis,
Ils ne viennent chez moy qu'en Esclaves sousmis;
Qu'aux moindres de mes gens sans cesse ils font caresse.

**DAMIS.**
On ne le peut nier, et mesme je confesse,
15 Qu'ils font encore plus, mais aprés tout, Monsieur,
Chez eux vostre cuisine est en fort bonne odeur,
Et prés beaucoup de gens, tenant lieu de merite,
Elle est cause, souvent, qu'ils vous rendent visite.
Ces Messieurs, bien instruits en l'art de deviner,
20 Se trouvent justement à l'heure du disner.
En loüant vos vertus, ils se mettent à Table:
Pendant tout le repas vous estes adorable;
Puis le disné finy, ces esprits inconstans,
S'en vont en d'autres lieux railler à vos despens.

**THERSANDRE.**

25 Je sçay que . . . . . .

**DAMIS.**
                Vous m'avez permis de vous tout dire.
Je vois ce qui se passe, et veux vous en instruire;
Puisque vous ne pouvez vous-mesme discerner
Vos amis, d'avec ceux qui viennent pour disner.

**THERSANDRE.**
Je ne connois que trop dequoy l'homme est capable;
30 Je sçay qu'on m'aime moins que l'on ne fait ma Table,
Mais voulant l'ignorer je n'examine pas,
Les discours que l'on tient en suite du repas:
Suffit que tant qu'il dure un chacun me revere;
Que chacun à l'envy s'éforce[79] de me plaire;
35 Et que chacun, enfin, me paye son écot,
Par un conte agreable, ou par quelque bon mot;
Ce n'est pas qu'entre ceux qui viennent à ma Table,
Je ne puisse trouver quelque amy veritable;
J'en connois deux ou trois, et les y fais venir,
40 Pour avoir le plaisir de les entretenir.

**DAMIS.** [3]
Pour traitter des amis, fait-on tant de despence?
Et . . . . . . .

**THERSANDRE.**
                Je soustiens, par là l'esclat de ma naissance,
Et donnant à manger selon ma qualité,
Je gouste la douceur de me voir respecté.

**DAMIS.**
45 Si vostre amour dépence autant que vostre Table,
Je croy vostre ruïne un mal inévitable,
Car enfin je voy trop qu'avecque tant d'ardeur . . . . . .

**THERSANDRE.**
J'avoüeray que Lucille a sçeu gaigner mon cœur.

**DAMIS.**
Mais si vous conservez tant d'ardeur dans vostre ame,
50 Parlez, et vous verrez approuver vostre flame,
La Mere de Lucille, en apprenant . . . . . . .

---

79. *se force*: Harvard.

**THERSANDRE.**
                                    Je veux,
Avant de luy parler faire approuver mes vœux,
Et qu'aux ardens transports de mon amour extréme:
La beauté que je sers se rende d'elle-mesme.

**DAMIS.**
55  Mais ne sçavez-vous pas, Monsieur, que Clidamant,
Pour la mesme beauté soûpire ouvertement,
Et qu'on n'est pas long-temps sans payer la tendresse,
De ceux dont la naissance égale la richesse?

**THERSANDRE.**
Ce rival a du bien et de la qualité;
60  Mais Damis aprés tout ce n'est qu'un esventé.
Et quelque ardeur, enfin, qui regne dans son ame;
Il merite trop peu pour allarmer ma flame,
Lucille a trop d'esprit pour approuver son feu,
Et jamais de sa bouche il n'en aura l'aveu.

**DAMIS.**
65  Quand Lucille seroit à sa flame contraire,
Ne la pouroit-il pas obtenir de sa Mere?                          [4]

**THERSANDRE.**
Ayant un grand procez elle en veut voir la fin,
Avant que de sa fille ordonner du destin.

**DAMIS.**
Vous la pourriez, Monsieur, servir dans cette affaire.

**THERSANDRE.**
70  Mon amour doit assez m'obliger à le faire,
A ce charmant objet, je l'ay desja promis,
Et quand il sera temps j'employeray mes amis,
Mais pour resver en paix à sa beauté divine,
J'entre en mon cabinet jusqu'à ce que l'on disne.

**DAMIS.**
75  Les nobles affamez, qui dedans peu viendront,
A l'heure du disner vous en retireront.

**THERSANDRE.**
Ah! que si tu voulois aujourd'huy m'en défaire . . . . . . .

**DAMIS.**
Mon esprit ne sçauroit comprendre ce mystere,
Ny deviner pourquoy vous avez ordonné,
80  Que l'on vous apprestast un superbe disné.

**THERSANDRE.**
Si tu ne le sçais pas, apprends donc que Melinte
Doit avec la beauté dont mon ame est atteinte,
Venir disner icy: Que je leur dis hyer,
Voyant de les servir qu'elles m'alloient prier,
85  Que je n'écoutois point chez elle leur priere,
Et voulois que ceans, elles la vinssent faire,
Et disner avec moy devant que d'en sortir.
Voilà dequoy j'ay cru te devoir advertir.
Par le petit degré, prens soin que l'on nous serve,
90  Et que des survenans aucun ne nous observe.
Au reste je commence à voir que mon ardeur
Plaist assez à l'objet qui m'a ravy le cœur,
Et je me trompe fort, ou je croy que sa mere,
Au bonheur que j'attens ne sera pas contraire, [5]
95  Si tu les vois venir tu m'en advertiras.

**DAMIS.**
Reposez-vous sur moy, je n'y manqueray pas.

### Scene II.

**DAMIS** *seul*.
J'approuve le beau feu qui regne dans son ame,
Puisque Lucille est belle, et digne de sa flame,
Pour sa mere elle l'aime un peu trop tendrement,
100 Mais cét amour leur nuit, et cét objet charmant,
Contraignant par devoir, son geste et sa parolle,
Fait croire qu'elle est vaine, et que sa mere est folle.

### Scene III.

*Damis, Ergaste.*

**ERGASTE.**
Melinte avec sa fille . . . . . . .

**DAMIS.**
                    Hé bien, fais les monter.

**ERGASTE.**
J'y cours, mais les voicy.

**DAMIS,** *à part.* [6]
              Qui pouroit resister
105  Contre de tels appas?

### Scene IV.

*Melinte, Lucille, Damis.*

**MELINTE.**
           Ne puis-je voir Thersandre?

**DAMIS.**
Vous le verrez, Madame, et je luy vais apprendre
Que vous estes icy.

**MELINTE.**
         Vous nous obligerez.

### Scene V.

*Melinte, Lucille.*

**MELINTE.**
Mais dites-moy donc quand vous vous corrigerez.
   *Elle se redresse elle-mesme.*
Tenez-vous droite-là, c'est ainsi qu'il faut estre,
110  Et si l'on n'a cét air, l'on ne sçauroit paroistre.

**LUCILLE.**
Mais quoy faut-il . . . . . . .

**MELINTE.**
           Ainsi vous estes cent fois mieux.
Adoucissez encor vostre voix, et vos yeux: [7]
Gardez-vous de tenir vos espaules si hautes,
Et ne retombez plus dans de pareilles fautes;
115  Mais qu'avec tout cela l'on voye un air posé,
Qui ne soit point contraint et qui paroisse aisé.

**LUCILLE.**
Je ne suis point contrainte, et je la dois paroistre,
Faisant, par vos conseils, tout ce qu'il faut pour l'estre,
On nous joüera Madame, et toutes ces façons . . . . .

**MELINTE.**
120 Vous avez bonne grace à faire des leçons;
Vostre esprit, sur ce point, manque bien de lumiere,
Vous fais-je dites-moy, faire une façonniere?

**LUCILLE.**
Non, mais . . . . . .

**MELINTE.**
Qui vous oblige donc à vous fascher?
Dequoy vous plaignez-vous? vous fais-je déhancher?[80]
125 Je fais tout le contraire, et quand je vous oblige
D'estre bien droite, alors, mon discours vous afflige.

**LUCILLE.**
Madame, je feray tout ce que vous voudrez.

**MELINTE.**
Vous ferez tousjours bien, quand vous m'obeyrez.

**LUCILLE.**
Je ne puis ignorer que j'y suis obligée.

**MELINTE.**
130 Mais que vous paroissez aujourd'huy negligée;
Toutes vos actions marquent trop de langueur;
Rien ne vous sied du tout, et votre tein fait peur;
Vous n'avez point bon air, et je suis fort surprise,
Avec de tels habits de vous voir si mal mise.
135 Renversez-vous ma fille, et faites des tetons.

**LUCILLE.**
Je suivray vos advis, et dois les trouver bons.

**MELINTE.** [8]
Dites-moy, cependant, vostre cœur pour Thersandre,
N'auroit-il point conçeu quelque sentiment tendre?
Ne me déguisez rien, je le croy vostre amant,
140 Et je l'estime enfin, bien plus que Clidamant.

**LUCILLE.**
Il m'aime je l'avoue, et je sens que mon ame
Souhaite vostre adveu pour repondre à sa flame,
Mais helas! je sens bien qu'ayant dequoy charmer,

---

80. *débaucher*: Harvard.

Je puis, en l'attendant commancer à l'aimer,
145 Et j'apprens, quand je crains que mon cœur ne soûpire,
Qu'en amour ce qu'on craint est ce que l'on desire.

**MELINTE.**
En vous voyant tous deux, j'avois dans vostre cœur,
Connu, par vos regards, vostre secrette ardeur;
Gardez-vous toutes-fois, d'en faire trop paroistre;
150 Et faites s'il se peut qu'il n'en puisse connoistre,
Que ce qu'il en faudra pour le faire esperer;
Car bien que ses vertus le fassent admirer,
Les hommes d'aujourd'huy, quelqu'ardeur qui les presse,
Veulent d'une beauté meriter la tendresse;
155 Et lors que l'on repond trop tost à leurs souspirs,
Cette prompte victoire allentit leurs desirs.
Je croy, par ce conseil, que c'est assez vous dire,
Qu'avec plaisir j'apprens que pour vous il souspire,
Comme il est fortement épris de vos attraits,
160 Il nous servira mieux dedans nostre procez;
Je ne croy pourtant pas, quelque ardeur qui l'enflame
Sa generosité moins grande que sa flame,
   *en se redressant.*
Et . . . . . . Mais il vient Lucille?

**LUCILLE.**
             Hé bien?

**MELINTE.**
                    *en se redressant encore,*
             Songez à vous.

### Scene VI.               [9]

*Melinte, Lucille, Thersandre, Ergaste, Damis.*

**THERSANDRE** *à Ergaste.*
Un cœur peut-il tenir contre des traits si doux?

**LUCILE** *à sa Mere.*
165 Madame, croyez-vous, que toutes ces grimaces,
Et que cét air contraint donnent beaucoup de graces?

**MELINTE** *à Thersandre.*
Vous voyez que je tiens tout ce que je promets.

**THERSANDRE.**
Par là de vos bontez, je connois les effets.

**LUCILLE** *à part*.
Bien que j'ayme à le voir, le cœur me bat, je tremble.

**THERSANDRE.**
170 Quand nous aurons disné, nous sortirons ensemble,
Et pour bien m'acquitter de ce que j'ay promis,
J'iray solliciter, avec vous, mes amis.

**LUCILLE.**
Cela se peut nommer servir de bonne grace.

**THERSANDRE.**
Ah! croyez qu'il n'est rien que pour vous je ne fasse.

**MELINTE** *bas, à Lucille, en se redressant*.
175 Droite, Regardez-moy.

**LUCILLE,** *à part*.
                Quelle contrainte, ô Dieu!

**THERSANDRE.**
De peur des importuns, abandonnons ce lieu;
Nous ne pourons là-haut estre veüs de personne. [10]

**MELINTE.**
C'est tout ce que je veux, vostre raison est bonne.

**THERSANDRE.**
Là de vostre procez, nous pourons librement .........

**DAMIS.**
180 Montez-donc, car l'on va servir dans un moment.

**THERSANDRE** *en se retournant*.
Des coureurs de repas, sçauras-tu me desfaire?

**DAMIS.**
Sans vous embarasser, Monsieur, laissez-moy faire.

**THERSANDRE.**
Je t'en laisse le soin.

## Scene VII.

**DAMIS**, *seul*.
       Je vais joüer un tour,
Dont on poura garder la memoire à la Cour.
185 Ces beaux escornifleurs qui vont icy paroistre,
  Ne se contentent pas de ruïner le maistre;
  Ils font tort aux valets, et les font enrager,
  En[81] ne leur laissant pas souvent dequoy manger.
  Il le faut avoüer, l'on est bien miserable,
190 Lors que l'on a pour maistre un homme qui tient table,
  Et l'on doit bien pester contre les gens de Cour,
  Qui veulent, à disné, manger pour tout le jour;
  Cette mode me nuit, et souvent elle est cause,
  Que je vois avorter ce que je me propose.
195 Dans ma chambre j'avois deux de mes amis hier,
  Et je ne pûs jamais avoir un plat entier,
  Ceux qui vinrent, ayant suivant leur destinée,
  Mangé hier à disné pour toute la journée.
  Je ne m'en plaindrois pas s'ils nous laissoient en paix,
200 Mais ils font quereller officiers et valets,
  Il faut chercher leur goust, et non celuy du Maistre;
  Mais quand mesme de tous, on le pouroit connoistre,
  Les satisferoit-on, s'il n'est point de ragousts,
  Qui plaisent à la fois à cent diferens gousts.
205 Dans ce qu'un aime doux, l'autre veut de l'Espice . . . . . . . .

## Scene VIII.

*Damis, Ergaste.*

**ERGASTE.**
Dites-moy, s'il vous plaist, iray-je dire au Suisse,
Qu'il r'envoye tous ceux qui voudront voir Monsieur?

**DAMIS.**
Non, car je les veux voir.

**ERGASTE.**
     Mais . . . . . .

---

81. *Et*: Harvard.

**DAMIS.**
                 Hé quoy?

**ERGASTE.**
                         Mais j'ay peur
Que Monsieur ne me gronde.

**DAMIS.**
                            Ah! qu'on me laisse faire,
210  Mais escoute, avec toy je veux mener l'affaire,
Tantost en querellant . . . . . . Mais je voy Clidamant,
Pour m'en divertir mieux je le laisse un moment.

### Scene IX.

*Clidamant, Ergaste.*

**CLIDAMANT.**
Servira-t'on bien-tost?

**ERGASTE.**
                      Je n'en sçay rien.

**CLIDAMANT.**
                                 Je meure,
Si je ne suis sorty du Louvre à prés d'une heure,
215  J'ay refusé cent gens, qui vouloient m'entraisner,
Jugeant bien que ceans je pourois mieux disner;
Mais je suis bien surpris de n'y trouver personne.

**ERGASTE.**
Icy la compagnie est souvent assez bonne.
Et . . . . . mais je vois quelqu'un.

### Scene X.

*Clidamant, Leandre, Ergaste.*

**CLIDAMANT.**
                 Ah! Comte, c'est donc toy?

**LEANDRE.**
220  A t'on disné ceans?

**CLIDAMANT.**
                    Tu viens disner je croy?

**LEANDRE.**
Oüy sans doute.

**CLIDAMANT.**
     Tant mieux, nous disnerons ensemble.

**ERGASTE,** *à part.*
Pour nous faire plaisir la noblesse s'assemble.

**LEANDRE.**
Estant chez mes amis à l'heure du repas,
Je croirois les fascher si je n'y mangeois pas.

**ERGASTE,** *à part.*
225 Allons trouver Damis, car je brusle d'apprendre,
Ce que je puis pour luy.

**CLIDAMANT.**
     Que fit hier Leandre?

**LEANDRE.**
Je fus hier disner chez un de mes amis,
Et mangeay d'un potage aux oignons blancs farcis.

**CLIDAMANT.**
Aux oignons blancs farcis! peste, il est admirable![82]
230 J'en ay veu l'inventeur.         [14]

**LEANDRE.**
     Il aymoit bien la table.

**CLIDAMANT.**
Aux oignons blancs farcis!

**LEANDRE.**
     Tu les aymes je croy?

**CLIDAMANT.**
Je puis bien les aymer, c'est un manger de Roy.

**LEANDRE.**
Nous mangeasmes encor certain canard sauvage.

**CLIDAMANT.**
Tout de bon.

---

82. *agreable*: Harvard.

**LEANDRE.**
     Ouy.

**CLIDAMANT.**
      Cela vaut mieux que le potage.

**LEANDRE.**
235 'Tu Dieu, tu t'y connois, ils sont tout à fait bons,
Et l'on en trouve moins que l'on ne fait d'oignons.

**CLIDAMANT.**
Je ne sçay que trop bien, que l'on n'en trouve gueres.

**LEANDRE.**
Un homme seul en France a de ces canardieres,
Ils luy viennent d'Holande.

**CLIDAMANT.**
      Ils sont donc Holandois?

**LEANDRE.**
240 Oüy, mais en peu de temps, ils deviennent François.

**CLIDAMANT.**
Quand ils veulent venir, on les reçoit en France?

**LEANDRE.**
Oüy.

**CLIDAMANT.**
  Mais acheve moy ce disné d'importance.

**LEANDRE.**                [15]
Par des morceaux exquis le goust y fust flatté,
Il y fust reveillé, chatoüillé, delecté,
245 Et pendant le repas, les plus friandes langues,
Sur la bonté des mets firent mille harangues,
Avec bien du plaisir chacun les savoura,
Avec estonnement chacun les admira,
Et l'on fut moins surpris de la magnificence,
250 Que de trouver tant d'ordre avec tant d'abondance,
Mais comme nous croyons voir finir ce repas,
Nous vismes tout à coup servir de nouveaux plats,
Tous remplis de ragousts, à tel point delectables,
Qu'on en sert rarement sur les meilleures tables.
255 Ce service nouveau l'appetit excita,
Ou plustost des ragousts la saveur l'irrita;

Et ce friand repas nous fit assez connoistre,
Qu'à traitter nostre amy devoit estre un grand Maistre;
Puisque cent mets nouveaux, dont la bonté surprit,
260 Firent naistre et mourir cent fois nostre appetit.

**CLIDAMANT.**
Les vins delicieux furent de la partie?

**LEANDRE.**
Nous en busmes de bon de la coste rostie,
Et nous eusmes encor de plusieurs autres vins,
A qui l'on peut donner le surnom de divins;
265 Mais des vins, ah! des vins; mais des vins agreables,
Piquants, et delicats; puissans et delectables.

**CLIDAMANT.**
De chacun de ces vins dirois-tu bien le nom?

**LEANDRE.**
Oüy-da. De Saint Laurent, d'Ays, et de Mascon,
De Saint-Mesmin, d'Arbois, de Reims, de l'Hermitage.

**CLIDAMANT.**
270 Tous ces vins valent mieux que ton canard sauvage.

**LEANDRE.** [16]
Je ne croy pas qu'on puisse en boire de meilleurs,
Ensuitte on nous donna quantité de liqueurs,
L'on but d'un hypocras; mais dont le musc et l'ambre,
Par leur subtile odeur parfumerent la chambre;
275 Mais quoy par ce souris voudrois-tu le nier?

**CLIDAMANT.**
Je croy qu'il estoit bon s'il estoit de Renier,
Sans cela peuth.

**LEANDRE.**
    Marquis il en estoit sans doute,
Et du meilleur qu'il eust.

**CLIDAMANT.**
      Il se peut.

**LEANDRE.**
        Mais écoute.
Le vin d'Espagne estoit . . . . . . . .

**CLIDAMANT.**
                              Choisi chez Boucingo.

**LEANDRE.**
280  On l'avoit fait venir exprez de Saint Malo;
Il estoit naturel, et je croy que . . . . . .

**CLIDAMANT.**
                                        Mais Comte,
Ne vois-je pas Valere, avec le jeune Oronte?

### Scene XI.

*Clidamant, Leandre, Valere, Oronte.*

**CLIDAMANT,** *à Valere.*
Ah! c'est donc toy, Marquis.

**LEANDRE,** *à Oronte.*
                        Chevalier, c'est donc toy?

**ORONTE.**
Oüy.

**VALERE.**
        Pour disner ceans, je l'ameine avec moy;
285  Certes à l'entraisner, j'ay bien eu de la peine,
Ce jeune Chevalier a l'humeur un peu vaine,
Et ne se peut lasser de parler contre ceux,
Qui, sans estre priez, mangent hors de chez eux.
Mais dequoy parliez-vous ne le peut-on apprendre?

**CLIDAMANT.**
290  Nous parlions d'un repas que fit hier Leandre.

**VALERE.**
Mais encor estiez-vous sur des ragousts nouveaux?

**ORONTE.**
Clidamant s'entretient tousjours de bons morceaux.

**CLIDAMANT.**
Comme toy Chevalier, je n'y suis pas Novice,
Tu connois la Becasse, et tu sçais que la cuisse
295  En est le bon morceau; Cependant, l'autre jour,
Tu fis rire de toy quelques gens de la Cour;

Quand, par une façon de servir bien nouvelle,
Loin d'en servir la cuisse, on t'en vit servir l'aisle.

**ORONTE.**
Ne disois-je pas bien, tu sçais les bons morceaux.

**LEANDRE.**
300  Tu pourrois dire encor, qu'il sçait les bons Costeaux,
Et . . . . . . . .

**VALERE.**
               Sa delicatesse en tout est incroyable.

**ORONTE.**
Quand ton goust trouverait un cocq-dainde admirable,
Tu le desavoüerois, est-il pas vray Marquis?

**CLIDAMANT.**
Mon goust ne connoist rien que les morceaux exquis,
305  Et s'il ozoit vouloir de semblables viandes . . . . . .

**LEANDRE.**
Ces morceaux seroient bons pour des langues friandes,
Valere, qu'en dis-tu?

**VALERE.**
                Rien, sinon que je crois,
Que les cocqs-daindes sont des ortolans Bourgeois.

**CLIDAMANT.**
Ce sont des ortolans, où l'on a dequoy mordre.

**LEANDRE.**
310  Les Bourgeois seulement qui sont du dernier ordre,
En mangent aujourd'huy.

**ORONTE.**
                Vous estes delicats,
Et de si gros morceaux ne vous nouriroient pas.

**VALERE.**
Les gens qui comme nous mangent aux bonnes tables
N'entendent point parler de viandes semblables.

**CLIDAMANT.**
315  Je sçay comme on y sert:

**LEANDRE.**
                Tu le sçays?

**VALERE.**
                                    Je le croy.

**LEANDRE.**
Voyons s'il le sçait bien.

**CLIDAMANT.**
                            Je le veux par ma foy.

**LEANDRE.**
Ariston?

**CLIDAMANT.**
                    D'Ariston la table est raisonnable.

**VALERE.**
Et de Lisandre?

**CLIDAMANT.**
                        Elle est tout à fait pitoyable.

**LEANDRE.**
Et de Crispe?

**ORONTE.**
                        Peut-on ignorer son trepas?

**CLIDAMANT.**
320  Celuy-là tenoit table, et ne la tenoit pas;
Quoyqu'il traitast fort bien, il se donnoit au Diable,
Qu'il n'avoit jamais eu dessein de tenir table.
Bien qu'aux honnestes gens son logis fut ouvert,
L'on ne trouvoit chez luy jamais plus d'un couvert;
325  Sa table, cependant, estoit tout à fait bonne,
Et chacun y mangeoit, sans qu'il priast personne.

**VALERE.**
Cleonime?

**CLIDAMANT.**
                    On void peu chez luy de bons perdreaux;
Il n'en mange jamais alors qu'ils sont nouveaux;
Il hait ceux de campagne, et n'en veut que de ville;
330  Jamais en bons morceaux lieu ne fut si sterile.

**LEANDRE.**
Et des pois verds, nouveaux, en mange-t'il?

**CLIDAMANT.**
                                  Luy, bon,
Il n'en mange jamais, qu'à cinq sols le litron.

**ORONTE.**
Les nouveautez chez-luy n'estans pas en usage:
Par là, mon cher Marquis, il fait voir qu'il est sage.

**CLIDAMANT.**
335  Ceux qui les mangent chers passent donc pour des fous.

**ORONTE.**
Je croy qu'ils valent moins à cent francs qu'à cinq sous:
Les pois precipitez naissent de pourriture,
Et l'art les fait venir plustost que la nature.

**CLIDAMANT.**
Deussent-ils dans mon corps se pourir mille fois,
340  Je pretens en manger avant tous les Bourgeois.

**ORONTE.**
Les repas de grand prix sont bien plus agreables,
Et la cherté des mets les rend plus delectables.

**VALERE.**
A ce plaisant discours, que respons-tu Marquis?

**CLIDAMANT.**
Que je ne veux jamais disner à juste prix.

**LEANDRE.**
345  Voilà d'un vrai Marquis le parfait caractere.

**CLIDAMANT.**
Pour le bien soustenir, je fais tousjours grand chere.

**ORONTE.**
Tu la fais, il est vray, sans despencer ton bien.

**CLIDAMANT.**
L'on a double plaisir quand on disne pour rien,
Tous ceux chez qui je mange ont une joye extrême,
350  Par là je les oblige, et m'oblige moy-mesme.    [21]

**LEANDRE.**
Megaste traitte mieux que tous ceux d'aujourd'huy.

**CLIDAMANT.**
Oüy, mais les gens d'esprit ne mangent point chez luy.

**VALERE.**
De Filante à bon droit, la table est estimée.
J'y mangeay, l'autre jour, d'une sauce gommée
355 Avecque des dindons.

**CLIDAMANT.**
                  D'où?

**VALERE.**
                        Du Pré saint Gervais.

**CLIDAMANT.**
Ah! que n'estois-je là, je n'en trouve jamais.

**LEANDRE.**
Chez Clearque dit-on, la table est sans pareille?

**CLIDAMANT.**
Chacun void son buffet ainsi qu'une merveille,
Son linge est admirable, il traitte proprement,
360 Mais le disné contraint de manger sobrement.

**VALERE.**
Ormain, traitte-t'il bien?

**CLIDAMANT.**
                      De tres mauvaise grace,
Et les chappons, chez luy, sentent fort la becasse.

**VALERE.**
Je le croy, Mais parlons du fameux Arimant.

**CLIDAMANT.**
L'on mange et boit chez luy delicieusement.

**VALERE.**
365 Il a bien du merite.

**CLIDAMANT.**
                 Il veut avoir des Gardes,
Qui puissent se dit-il à coups de hallebardes,
Chasser ceux qui chez luy viennent souvent disner,
Ayans assez de bien pour en pouvoir donner.

**ORONTE.**
Mais écoute Marquis, sçais-tu bien que Thersandre,
370 Pour te mettre dehors auroit raison d'en prendre,
Que chacun dit tout haut, que tu fais assez mal,
De venir si souvent manger chez ton rival,
Et que ton procedé qu'on peut nommer étrange . . . . .

**CLIDAMANT.**
Puis qu'il est mon rival, il faut que je le mange,
375 Et je ne trouve pas qu'on s'en doive estonner.

**VALERE.**
Mais j'apperçois Damis.

### Scene XII.

*Clidamant, Oronte, Valere, Leandre, Damis.*

**CLIDAMANT.**
              Hé bien! va t'on disner?

**DAMIS.**
Je ne le puis sçavoir, car je viens de la ville.

**LEANDRE.**
Je sens déja la faim qui m'eschauffe la bille.

**VALERE.**
Depuis long-temps Thersandre est de mes grands amis.
380 C'est un homme d'honneur, et je croy que Damis . . .

**CLIDAMANT.** [23]
Ma foy son Cuisinier est un homme admirable,
Et dedans son mestier il est incomparable:
Peste qu'il entend bien à faire un bon ragoust.

**ORONTE.**
Il doit bien travailler s'il contente ton goust.

**DAMIS.**
385 Je suis ravy de voir si bonne compagnie,
Aujourd'huy sa cuisine est assez bien garnie,
Les ragousts qu'il fera ne vous desplairont pas,
Et vous ne vous pourrez plaindre de ce repas.

**CLIDAMANT.**
Apprestons nous Messieurs à faire bonne chere.

**DAMIS**, *le premier vers à part.*

390 Il faut bien-tost tirer le plaisir que j'espere.
Adieu je m'en vais voir où le disner en est.

**VALERE.**
Tu nous advertiras si-tost qu'il sera prest.

### Scene XIII.

*Clidamant, Leandre, Valere, Oronte.*

**LEANDRE.**
Je croy qu'en estimant la Table de Thersandre,
Et celle de Leonte, on ne peut se mesprendre.

**VALERE.**
395 C'est un Costeau.

**ORONTE**
     Marquis qui sont donc ces Costeaux?

**VALERE.**
Ce sont gens delicats aimans les bons morceaux,
Et qui les connoissans, ont par experiance,
Le goust le plus certain et le meilleur de France.
Des friands d'aujourd'huy, c'est l'eslite et la fleur.
400 En voyant du gibier, ils disent à l'odeur,
De quel païs il vient. Ces hommes admirables;
Ces palets delicats; ces vrais amis des[83] Tables,
Et qu'on en peut nommer les dignes souverains,
Sçavent tous les Costeaux où croissent les bons vins,
405 Et leur goust leur ayant acquis cette science,
Du grand nom de Costeaux on les appelle en France.

**CLIDAMANT.**
Si l'on donne ce nom à tous les delicats,
Qui sçavent avec art gouster les bons repas,
Le nombre en sera grand.

**LEANDRE.**
    Oüy, sans doute.

**ORONTE.**
       Mais Comte,
410 Vous aviez commancé de parler de Leonte.

---

83. *de*: Harvard.

**CLIDAMANT.**
Leonte est honneste homme, on disne bien chez luy,
Et c'est le plus friand des friands d'aujourd'huy:
C'est un homme d'honneur, un homme raisonnable,
Et de qui le cœur est aussi grand que la table.
415 Il sçait certain moulin, où l'on prend des Pigeons;
Mais ce sont des Pigeons, des Pigeons, mais si bons,
Que dans toute la France, ils n'ont point de semblables,
Et qu'aux plus frians mets, je les croy preferables;
Il connoist les fermiers où sont les bons poulets,
420 Et s'il estoit trahy par messieurs ses valets,
Il leur feroit passer de bien meschantes heures.
Il sçait de quel quartier les Perdris sont meilleures, [25]
Et vous dira d'abord, comme il a le goust fin,
Si telle est de Compiegne, ou bien de saint Germain.

**LEANDRE.**
425 Qu'il a l'esprit profond.

**VALERE.**
              Qu'il est couvert de gloire.

**CLIDAMANT.**
Il ne sçait ce que c'est que de viande noire;
Comme elle n'est pas saine il n'en veut jamais voir,
Et ses gens sur ce point, font fort bien leur devoir.
Ce n'est pas tout encor. Cét homme incomparable,
430 Qui sçait si bien joüir des plaisirs de la Table,
Va, pour gouster les vins, luy mesme en tous les lieux
Où l'on en peut trouver des plus delicieux;
Et puis par des bontez qui n'ont point de pareilles
Il fait en sa presence emplir force bouteilles,
435 Les met dans son carosse; et d'un air tout joyeux
Conduit à son logis ce butin precieux.

**VALERE.**
D'y voir souvent Damon, c'est à tort qu'on s'estonne.
Il ne doit pas quitter une table si bonne.

**LEANDRE.**
Crois qu'il n'en fera rien; puisqu'il est de ces gens
440 Qui ne mangent chez eux qu'une fois en dix ans,
Et qui jamais enfin ne conçûrent l'envie
De donner un repas une fois en leur vie.

**CLIDAMANT.**
Pour Timante il en donne et mesme de grand cœur;
Mais il prise sa Table avecque trop d'ardeur,
445 Et fait connoistre assez qu'il a l'esprit malade,
En loüant tout chez luy jusques à la salade.

**ORONTE.**
Quoy traitter ainsi ceux dont vous mangez le bien!
Rougissez une fois d'un pareil entretien,
Parasites d'honneur, qui dans la France entiere
450 Ne trouvez pas assez dequoy vous satisfaire.
Il n'est que deux Costeaux dont vous aymiez le vin,
D'un endroit seulement vous estimez le pain;
D'un tel ce sont les fruits, d'un autre la viande:
Vostre delicatesse en toute chose est grande;
455 Mais vous devriez sçavoir que dedans un repas,
L'on ne doit point blasmer ce qu'on ne paye pas:
Que de ceux où l'on mange on ne doit point medire,
Et que c'est mal agir d'en faire une satire.
Cependant vos discours me font paroistre assez
460 Que par là, seulement, vous les recompensez;
Mais pourquoy mal parler des gens qu'on voit paroistre
Et chez qui dés ce soir vous mangerez peut-estre?
Hé faut-il de parbieu qu'apres tant de repas . . . . . . . .

**CLIDAMANT.**
Jure-donc tout à fait ou bien ne jure-pas;
465 Quand on jure à demy l'on a mauvaise grace,
Et chacun connoist bien que ce n'est que grimace.
Puisque loins d'éfrayer, l'on fait souvent pitié
Lors que d'un jurement on coupe la moitié:
Cela fait tort aux mots, et gaste nostre langue.

**ORONTE.**
470 En te remerciant de ta belle harangue.

**LEANDRE.**
Mais personne ne vient, il est temps de diner.

**VALERE.**
A la fin tout cecy commence à m'estonner.

**CLIDAMANT.**
Ce long retardement cache quelque mystere.

**VALERE.**
Sçachez qu'un diner maigre est bien long-temps à faire.

**CLIDAMANT.**
475   Il est maigre, la peste.

**ORONTE.**
                    Aymes-tu le Poisson?

**CLIDAMANT.**
En me voyant fasché tu peux juger que non.

**VALERE.**
Moy j'ayme le Turbot.

**LEANDRE.**
                    Moy j'ayme la Barbuë.

**CLIDAMANT.**
Sans doute Chevalier tu tiens pour la Moluë,
Aveque le Cocq-dainde, on peut l'appareiller.

**VALERE.**
480   Avec bien de l'esprit Clidamant sçait railler.

### Scene XIV.

*Clidamant, Valere, Leandre, Oronte, Damis, Ergaste.*

**ERGASTE** *en fuyant devant Damis.*
Vous me battre!

**DAMIS.**
                    J'en ay le pouvoir de Thersandre.

**CLIDAMANT** *en arrestant Damis.*
Qu'a fait ce mal-heureux ne le peut-on apprendre?

**DAMIS.**
Je veux le chastier et mesme devant vous.

**LEANDRE.**
Pardonne-luy de grace.

**VALERE.**
                    Et pour l'amour de nous.

**DAMIS.**
485  Non, sa faute est trop grande, et n'est pas pardonnable.
*Il luy donne un coup.*
Il faut . . . . . . .

**ERGASTE.**
                    Ah!

**ORONTE.**
                    Que t'a fait ce pauvre miserable?

**VALERE.**
Quoy Damis, devant nous le mal-traitter ainsi!

**DAMIS.**
Si vous luy pardonnez je luy pardonne aussi.

**ERGASTE.**
Si j'avois à dessein . . . .

**DAMIS.**
                    N'échauffe pas ma bille.
490  Lors que vous m'avez veu revenir de la ville,
L'on ne m'avoit pas dit que l'on avoit diné
Immediatement apres midy sonné.
Comme avec quelques gens Thersandre avoit affaire
Il a voulu manger plus tost qu'à l'ordinaire;
495  Ce traistre estoit chargé de vous en advertir
Et . . . . . . .

**ERGASTE.**
            J'avois oublié.

**DAMIS.**
                    Tu m'oses repartir.

**LEANDRE.**
Dis-tu vray?

**DAMIS.**
            Tout cela n'est que trop veritable.

**ORONTE,** *à part.*
Qu'ils sont surpris tous trois.

**VALERE.**
                    La chose est vray sembable.

**CLIDAMANT.**
Ce boureau de Valet nous a joüé ce tour?

**DAMIS.**
500 Vous le voyez Monsieur, C'est un Laquais de Cour,
Le meilleur n'en vaut rien.

**CLIDAMANT.**
              Par un tel personnage
Nous voir ainsi joüez.

**DAMIS.**
              De bon cœur j'en enrage.
Et si de mon depit vous sçaviez la moitié
Peut-estre aurois-je part dedans vostre amitié.
*à Ergaste.*
505 Sors de devant mes yeux, où ma juste colere . . . . . .
*Ergaste sort.*

**CLIDAMANT.**
Ton amitié Damis me paroist bien sincere.

**VALERE.**
Mais allons donc chercher à diner autre-part.

**CLIDAMANT.**
Pour en pouvoir trouver il est un peu bien tard.

**LEANDRE** *en prenant sa monstre.*
Voyons quelle heure il est.

**CLIDAMANT** *en regardant avec luy.*
              Hé bien Comte quelle heure?

**LEANDRE.**
510 Plus d'une heure et demie.

**CLIDAMANT.**
              Ah! c'est trop ou je meure.

**ORONTE** *à Clidamant.*
Un coc-dainde à present ne te feroit pas peur;
Mais te fait-on ainsi souvent diner par cœur?

**CLIDAMANT.**
Quoy que tard, je pretens diner bien à mon aise
Estes-vous en carosse?

**ORONTE.**
                    Oüy.

**CLIDAMANT.**
                    Moy je suis en chaise.

**LEANDRE.**
515 Et moy pareillement.

**VALERE.**
                    Il faut donc qu'en ce lieu
Puis que le temps est cher, nous vous disions adieu.

**DAMIS,** *à part.*
Quel plaisir de les voir! que j'ayme à les entendre!
Mais allons de ce tour faire part à Thersandre.

### Scene XV.

*Clidamant, Leandre.*

**CLIDAMANT.**
Avant que de partir songeons où nous irons,
520 Et puis apres celà Comte nous sortirons.

**LEANDRE.**
Marquis?

**CLIDAMANT.**
                    Sçais-tu quelqu'un?

**LEANDRE.**
                    Allons chez Cleromene.

**CLIDAMANT.**
L'on ne mange chez luy que trois fois la semaine,
Et je ne sçay que trop que ce n'est pas son jour.

**LEANDRE.**
Qui diable introduisit cette mode à la Cour?
525 Il nous faut donc aller chez le beau Theomene.

**CLIDAMANT.**
Mais j'ay mangé chez luy toute cette semaine,
Je voudrois m'en pouvoir empescher aujourd'huy.

**LEANDRE.**
Pour moy je pourois bien aller diner chez luy;
Toutefois si Doris . . . . . . .

**CLIDAMANT.**
                    J'ignore sa demeure,
530 Car il est delogé. Mais sçache qu'à cette heure
On a diné par tout.

**LEANDRE.**
                    Qu'est-ce que nous ferons?

**CLIDAMANT.**
Il faut dés à present voir où nous soûperons.
Mais j'enrage.

**LEANDRE.**
                    D'où vient la douleur qui t'accable?

**CLIDAMANT.**
Je songe que le soir peu de gens tiennent Table.

**LEANDRE.**
535 A la fin tout cecy commence à m'affliger.
Mais si chez toy . . . . . .

**CLIDAMANT.**
                    Chez moy, seul je n'y puis manger.

**LEANDRE.**
Mais je pretens aller t'y tenir compagnie.

**CLIDAMANT.**
Ah sortons, car ce lieu rend ma peine infinie.

**LEANDRE.**
Attens un peu. Sçais-tu Marquis où nous irons?
540 Allons chez un Traitteur, et nous y dinerons,
On y sert à toute heure.

**CLIDAMANT.**
                    Il est vray; mais escoute
On ne peut, en ce lieu, manger sans qu'il en couste,
Et je n'ay point d'argent.

**LEANDRE.**
                    Quoy . . . . . . . . .

**CLIDAMANT.**
C'est la verité.

**LEANDRE.**
C'est un mal ordinaire aux gens de qualité
545 Je n'en ay point non plus, et je perdis hier . . . . . . .

**CLIDAMANT.**
Comte,
Manger à nos despens nous seroit une honte.
Allons jusques au soir causer en d'autres lieux,
Si nous ne dinons point nous en souperons mieux.

### Scene XVI.

*Thersandre, Melinte, Lucille, Damis.*

**THERSANDRE.**
Enfin ils sont sortis et je te dois apprendre
550 Que ce tour trop[84] piquant a droit de me surprendre:
Je ne l'attendois pas, et tu dois avoüer
Que de ton procedé je dois peu me loüer.
Je ne t'avois pas dit d'en user de la sorte,
Ils ont lieu de se plaindre et la piece est trop forte.

**MELINTE.**
555 Mais que vois-je?

### Scene XVII.

*Thersandre, Melinte, Lucille, Clidamant, Damis.*

**CLIDAMANT.**
Qu'on souffre avecque les valets,
Je n'ay porteurs icy, galoches, ny laquais.
Ah! faut-il qu'en ce lieu plus long-temps je demeure?
*En appercevant Thersandre, Melinte et Lucille.*
Mais vous aviez raison de diner de bonne heure,
Vos yeux estoient charmez pendant ce doux repas.
560 Damis a fort bien dit et ne s'abusoit pas,
Avec de tels objets l'on peut avoir affaire.

---

84. *tres*: Harvard.

**THERSANDRE.**
Sçachez que . . . . . .

**CLIDAMANT.**
　　　　　　Vous croyez que je sois en colere
Quand je me réjoüis de ce qu'enfin mon cœur
Trouve un juste sujet d'estoufer son ardeur;
565　Il adoroit Lucille avec trop de constance.

**MELINTE.**
L'on se trompe souvent, et comme l'apparence . . . . . .

**CLIDAMANT.**
Je me veux tromper moy, m'en empescherez vous?

**THERSANDRE.**
Si . . . . . . . .

**CLIDAMANT.**
　　　　　Je pretend cesser de faire les yeux doux:
Les exemples d'autruy doivent me rendre sage,
570　Et de peur d'accident je fuis le mariage;
Car s'il m'en arrivoit les critiques du temps
Pouroient impunément railler à mes despens.

### Scene XVIII.

*Thersandre, Melinte, Lucille, Clidamant, Damis, Crispin.*

**CRISPIN.**
Vos porteurs sont là-bas et vous pouvez descendre;

**CLIDAMANT.**
Adieu car je craindrois de les trop faire attendre.

### Scene XIX

*Thersandre, Melinte, Lucille, Damis.*

**MELINTE.**
575　Ma fille ne perd rien en perdant cét amant,
Et c'est gagner beaucoup que perdre Clidamant.

**THERSANDRE.**
Apres un tel aveu puis-je croire, Madame . . . . . .

**MELINTE.**
Pour Lucille, j'ay sçeu vostre secrette flâme,
Et si quand nous aurons finy nostre procez, [36]
580 Vous soûpirez encor pour ses jeunes attraits,
Nous pourrons en ce temps parler d'un Hymenée.

**THERSANDRE.**
Que je dois aujourd'huy loüer[85] ma destinée;
A force de bon-heur elle me rend confus.

**MELINTE.**
Ne perdons point le temps en discours superflus,
585 Il nous presse, sortons.

**THERSANDRE** *à Lucille*.
                    Puis-je esperer Madame . . . . ?

**LUCILLE.**
Oüy, puisqu'avec plaisir j'ay connu vostre flâme.

**FIN**

---

85. *jouër*: Harvard.

# EMENDATIONS TO THE TEXT

| | | |
|---|---|---|
| *Permission* | intitulé ] intitulée | |
| l. 27 | discerner, ] discerner | |
| l. 31 | ignorer, ] ignorer | |
| l. 42 | soustiens, ] soustiens | |
| l. 68 | fille, ] fille | |
| l. 81 | Melinte, ] Melinte | |
| l. 91 | ardeur, ] ardeur | |
| l. 106 | apprendre. ] apprendre | |
| l. 124 | déhancher; ] déhancher? | |
| l. 125 | oblige, ] oblige | |
| l. 141 | ame, ] ame | |
| l. 150 | puise ] puisse | |
| l. 199 | il ] ils | |
| l. 225 | d'Amis ] Damis | |
| l. 258 | amy, ] amy | |
| l. 327 | de perdreaux ] de bons perdreaux | |
| l. 341 | prix, ] prix | |
| l. 365 | ORONTE ] CLIDAMANT | |
| l. 379 | Thersandre, ] Thersandre | |
| l. 395 | Costeau, ] Costeau. | |
| l. 409 | Comte. ] Comte, | |
| l. 412 | Est ] Et | |
| l. 447 | bien ] bien! | |
| l. 475 | Ayme-tu ] Aymes-tu | |
| l. 481 | battre. ] battre! | |
| l. 487 | devant-nous ] devant nous | |
| l. 517 | voir ] voir! | |
| | entendre; ] entendre! | |
| l. 525 | VALIERE ] VALERE | |
| after l. 557 | apparcevant ] appercevant | |
| l. 563 | réyoüis ] réjoüis | |
| | cœur, ] cœur | |
| l. 573 | descendre; ] descendre | |
| l. 577 | croire ] croire, | |

# NOTES TO THE TEXT

~

17. *prés beaucoup de gens*: 'auprès de beaucoup de gens'.
89. *Par le petit degré*: By the small staircase: 'by the back stairs', we might say.
119. *On nous joüera*: 'On se moquera de nous', *AF*, I, 585.
188. *En ne leur laissant pas souvent dequoy manger*: Seventeenth-century Paris had a booming market for 'second-hand food': it was common for servants to consume, and occasionally to sell, the leftovers of their master's meals. See Pinkard, p. 59; Quellier, p. 114 and Daniel Roche, *A History of Everyday Things: The Birth of Consumption in France, 1600–1800* (Cambridge: Cambridge University Press), p. 234.
203. *ragousts*: A *ragoût* was a seasoned dish or the seasoning itself. By extension, it could refer to a sauce or a food cooked in a sauce (this is the modern meaning). La Varenne gives numerous recipes for *ragoûts* featuring shoulder of veal, lamb, mutton, loin of roe buck, turkey, pork, tongue, liver, etc. He sometimes specifies the seasoning (lemon, orange, vinegar, pepper, onion, capers etc.). At other times, he simply suggests that the dish be 'bien assaisonné et garny de ce que vous voudrez', *CF*, 44. For L. S. R., *ragoûts* are typically seasoned with pepper and lemon, though mustard and oranges are used as well. With their strong citrus- and vinegar-based flavours, *ragoûts* were a legacy of medieval cooking and were often considered to be unhealthy. Antoine Furetière comments that: 'La gourmandise a inventé mille *ragousts* qui sont nuisibles à la santé', *DU*, III, sig. [2F4]ᵛ. Saint-Évremond disapproved of vinegar- and pepper-based *ragoûts* such as La Varenne's, favouring simpler sauces, based on a mixture of salt and oranges or *fines herbes* (see his letter to the comte d'Olonne in the Appendix). On the word *ragoût*, see T. Sarah Peterson, *Acquired Taste: The French Origins of Modern Cooking* (Ithaca: Cornell University Press, 1994).
228. *d'un potage aux oignons blancs farcis*: *Potage* could refer either to cooking stock or the vegetable, fish, and meat preparations based on it, served over bread or toast. In contrast to the roast, which was served later in the meal, the *potage* was thus based on 'wet' cooking techniques (boiling and braising). Seventeenth-century *potages* were thicker than the dishes that carry that name today, similar in consistency and character to a modern *pot-au-feu*. In contrast to *ragoûts*, *potages* were generally thought to be beneficial for health. La Varenne lists a number of onion *potages* and a number of stuffed *potages* (i.e. mushroom) but no stuffed onion pottage (*CF*, pp. 151–2, 159–60). Lune offers a *potage de petits chous blancs farcis* that gives an idea of the character of such dishes. Lune's recipe for the stuffing incorporates veal, beef marrow, lard, cabbage, and mushroom (*Cuis*, p. 323). More generally, the preparation of stocks was one of the hallmarks of the new cooking style advocated by La Varenne, L. S. R.. Lune, and others. L. S. R. and La Varenne both give detailed instructions on the preparation of stocks.
233. *certain canard sauvage*: La Varenne includes several recipes for wild duck: in one, the duck is roasted and served with a pepper sauce; in another, it is sautéed, simmered in stock and served with sautéed mushrooms in a thickened sauce (*CF*, p. 84). Nicolas de Bonnefons, in his *Délices de la campagne*, recommends roasting wild ducks with a little vinegar, salt, verjuice, spices, and orange peel. Lune offers a similar recipe with the injunction that they be eaten 'tout sanglants', *DC*, p. 242.
235. *'Tu Dieu* =Vertu Dieu, a euphemistic interjection.

250. *tant d'ordre avec tant d'abondance*: The conjunction of order and abundance is a master metaphor of ancient and early modern thought, referring variously to divine creation (out of chaos), worldly prosperity, and the stylistic ideal of classicism.

263-69. This passage provides an overview of the geography of wines in the seventeenth century. Léandre mentions wines from Burgundy (Macon), Champagne (Ay and Rheims), Orléans (Saint-Mesmin), the Jura (Arbois), Médoc (Saint-Laurent), and the Rhône valley (Côte Rôtie and Hermitage). The major rivalry was between Champagne and Burgundy, with Burgundy getting a boost when Fagon, Louis XIV's physician, advocated it over its Northern rival. Saint-Évremond, for his part, was a tireless advocate of Champagne wines. See Saint-Évremond, *Œuvres en prose*, IV, 380-81. Although Champagne wines had a natural effervescence, especially in bottles, the craze for sparkling champagne did not take off until later in the century. L. S. R. recommends the still wines of Champagne: 'car il ne faut pas tant se fier à cette manière de vin qui est toujours en furie et qui bouillonne sans cesse dans son vaisseau', *Art*, p. 34. These included both red and white wines, as well as *vins gris*, white wines made from red grapes. *Vins de rivière*, such as those from Ay, were generally made from white grapes and were consumed promptly. (See the Introduction: Ay, along with Hautvilliers and Avenay, was one of the *coteaux* preferred by Saint-Évremond, Souvré, the comte d'Olonne, and their circle.) Red *vins de montagne*, including those from Rheims, were consumed later in the season, when they had had a chance to mature. The Bordeaux region and the Rhône Valley were both up-and-coming wine-growing areas during the period. The Dutch cleared the salt marshes of Médoc in the mid-seventeenth century, making them suitable for cultivation. Although relatively difficult to transport to Paris, Northern Rhône wines such as those mentioned here were gaining a reputation in Paris and abroad during the period. See Flandrin, 'L'Invention des grands vins français', pp. 24-33.

272. *liqueurs*: Liqueur can simply mean liquid, but in this context, it refers to a sweet drink and more specifically a sweet wine: 'On dit, que Du vin a de la liqueur, pour dire, qu'Il est doucereux. Les vins d'un tel païs ont de la liqueur, ont trop de liqueur', *AF*, I, 654. Liqueur can also refer to other sweet alcoholic and non-alcoholic beverages.

273. *un hypocras*: A spiced wine, made with sugar, cinnamon, and other spices, supposedly invented by Hippocrates. Bonnefons recommends one pound of sugar for each pint of well-conditioned wine, infused over hot coals and clarified by running the mixture through woollen cloth (*DC*, p. 81). Other recipes include half the sugar. According to Audiger, author of *La Maison réglée* (1692), a good *hypocras* was well balanced, with no single flavour or spice dominating, (François Audiger, *La Maison réglée*, in *L'Art de la cuisine française au XVIIe siècle* (Paris: Payot, 1995), p. 546). *Hypocras* was used in cooking. Lune has recipes for lark *potage* and eggs that incorporate *hypocras* (*Cuis*, pp. 349, 403).

273. *le musc et l'ambre*: Musk is produced from the glands of the male musk deer. Here, amber is not yellow resinous amber, but ambergris, a substance produced in the digestive track of sperm whales, used for perfume and seasoning. The use of such flavourings was typical not only of *hyprocras*, but also more generally of the heavily seasoned cuisine of the Middle Ages.

276. Régnier's hypocras was celebrated by Jean Loret:

> Certes, ce précieux brûvage,
> Dont gens de tout sexe et tout âge
> Se peuvent librement gorger
> Sans encourir mal ny danger
> (Tant il est bénin et propice),

> Se peut nommer avec justice
> La délectation des cœurs
> Et la merveille des liqueurs

Jean Loret, *Muze historique*, ed. Éd. V. de la Pelouze, 4 vols (Paris: Jannet, 1857–1878), I, 464.

277. *peuth*: a disdainful exclamation.
279. *Boucingo*: One of the aspiring gastronomes in Boileau's *Satire* III refers to this famous wine merchant: 'J'ai quatorze bouteilles | D'un vin vieux … Boucingo n'en a point de pareilles; | Et je gagerais bien que, chez le commandeur, | Villaudry priserait sa séve et sa verdeur' (see Appendix). The *Voyage de Chapelle et de Bachaumont* contains a fragment about the proprietor: 'Boucingo, dès son âge tendre, | Posséda la sauce à Robert, | Avant même qu'il pût apprendre | Ni son Ave ni son Pater', Lhuillier and Bachaumont, p. 131. The sauce Robert is one of the more ancient French sauces.
294. *Becasse*: Bonnefons includes woodcock under 'petit gibier' and describes a preparation in which it is cooked on a rotisserie skewer and served with a sauce made from bread soaked in drippings, verjuice, salt, and a little seasoning (*DC*, p. 260). La Varenne provides a recipe for a *potage* made from roasted woodcock (*CF*, p. 20).
300. *Costeaux*: Gastronome or Epicurean. (See Introduction.)
302. *un cocq-dainde*: A *coq d'inde*, or *dinde*. This New World bird had become relatively inexpensive, and thus unfashionable, by the middle of the seventeenth century (Flandrin, 'The Early Modern Period', p. 359; Quellier, pp. 197–98). Bonnefons, who favours simple country fare, defends this modest foodstuff: 'Le poulet d'Inde rôty, et mangé froid est tres-excellent, l'on en peut lever les ailes et les cuisses pour rôtir sur le gril, et estre mis à la sauce robert, qui se fait avec moustarde, sel, vinaigre, poivre, et oignon tranché', *DC*, p. 231. La Varenne offers recipes for roasted 'poulet d'inde à la daube' (*CF*, p. 39). Lune's preparations include 'Poulet d'Inde au pot-pourri' and 'Poulet d'Inde désossé à la suisse' *Cuis*, pp. 259, 341. Like most roasted meats, turkey was larded with fat before cooking.
308. *ortolans*. Bunting. 'Petit oiseau de passage, d'un goût exquis et délicat', *AF*, II, 161. La Fontaine famously has 'Le Rat de ville et le rat de champs' eat 'reliefs d'ortolans' in his fable.
327. *perdreaux*: Contemporary cookbooks offer numerous preparations for the *perdrix* and *perdreau* (a young partridge), including 'potage de perdrix aux choux' (La Varenne, Lune, and L. S. R.), 'potage de perdrix marbrées' (La Varenne), 'potage de perdreaux farcis' (La Varenne), 'saucisses de blanc de perdrix' (La Varenne), 'perdrix en ragoust' (La Varenne and Lune), 'perdrix à l'estoffade' (La Varenne), 'pâté de perdrix' (Lune), as well as simple roasted partridge. Bonnefons claims that the male of the species is superior and offers advice for identifying young and freshly killed partridge. A young partridge, he claims, has a black beak and narrow, brown legs. Freshly killed partridges have shiny eyes (*DC*, p. 258).
331. *pois verds*: Green peas enjoyed a vogue for more than thirty years. Le sieur Audiger brought them back to the French court from Italy in 1660 and Louis XIV had his gardener La Quintinie work miracles to raise them at Versailles. Judging by Mme de Maintenon's letters, the vogue for peas was still in full force in 1696: 'Le chapitre des pois dure tousjours; l'impatience d'en manger, le plaisir d'en avoir mangé et la joie d'en manger encore, sont les trois points que j'entends traiter depuis quatre jours. Il y a des dames, qui, après avoir soupé avec le roi, et bien soupé, trouvent des pois, chés elles, pour manger avant de se coucher'. See Françoise d'Aubigné, marquise de Maintenon, *Lettres*, 5 vols, ed. Marcel Langlois (Paris: Letouzey et Ané, 1933–39), V, 60–61. L. S. R. even provides a recipe for mock peas made out of diced asparagus (*Art*, p. 85). The earliest peas harvested during the season were especially appreciated. Bonnefons notes that these early

peas can be consumed in the shell, cooked with fat, salt, and a few spices (*DC*, p. 147). He also offers a recipe for green peas with cream, as does La Varenne. The latter's recipes for peas include a *potage* (with pigeon) and a *purée* (*CF*, pp. 15, 168). Lune offers 'petits pois verts au lard' and 'potage de poulet aux pois verts', *Cuis*, pp. 277, 319.

332. *cinq sols le litron*: This would have been very cheap. *Cinq sols* was also the price for the Parisian omnibuses (*carrosses*) that Pascal introduced in Paris. A litron was approximately 4/5 of a modern litre.

333. *nouveautez*: 'Les pois, les feves, et autres fruits dans la primeur. Des pois au mois d'Avril c'est de la nouveauté', *AF*, II, 118.

345. *Marquis*: The title of marquis was an object of ridicule in the seventeenth century. 'La France abonde en Marquis faits par eux-mêmes. Il semble qu'il suffit d'aller en carrosse, et de se faire suivre par quelques laquais, pour s'ériger en Marquis', *DU*, sig. 3L3$^r$. See Molière's *Impromptu de Versailles* and Visé's own *La Vengeance des marquis*.

346. *grand chère*: 'Lors que le mot de *Grande*, Est mis devant un substantif, qui commence par une consonne, on supprime souvent l'E dans la prononciation, & mesme on le supprime quelquefois en escrivant. *A grand'peine, faire grand'chere, c'est grand'pitié, la grand'Chambre, la grand'Messe &c, il herite de sa grand'mere*', *AF*, I, 537.

354. *sauce gommée*: I have been unable to find any other references to a 'sauce gommée'. The seventeenth century was familiar with a number of different types of gum, including gum arabic. For 'gommé', Littré gives: 'Où l'on a dissous de la gomme. Eau Gommée, Taffetas Gommé', Émile Littré, *Dictionnaire de la langue française*, 4 vols (Paris: Hachette, 1873–74), p. 1893.

355. *Pré Saint-Gervais*: The Pré Saint-Gervais corresponds to an area overlapping the edge of the 19th arrondissement and the inner *banlieue*, where a commune still carries the name of 'Pré Saint-Gervais'.

362. *chappons*: Capons, or castrated male chickens, were fattier and plumper than regular chickens, and thus more prized. They were a standard ingredient in the *potage de santé*, basically a dish of boiled capon. La Varenne also offers recipes for roasted capon, a *potage de chapon au riz* (with saffron), a *paste de chapon désossé*, and *chapon aux huîtres* (*CF*, pp. 39, 51–52, 62). The latter shows up in Lune's *Cuisinier*, as well as in a famous still-life painting by Pieter Claesz, *Sumptuous Still Life with Roast Capon and Oysters* (1647). This dish would have a long career, showing up in Alexandre Dumas's *Grand dictionnaire de cuisine* and making its way into North American creole cooking. See Alexandre Dumas, *Grand dictionnaire de cuisine* (Paris: Alphone Lemerre, 1873), p. 889.

365. *Il veut avoir des Gardes*: All existing copies of the text attribute this dialogue to Oronte, which would require him to argue with himself.

415. *Pigeons*: A widely consumed, versatile bird. Indeed, a pigeon bisque is the first dish listed in La Varenne's *Cuisinier françois* (*CF*, p. 4). This elaborate dish, containing pigeon, bouillon, cloves, chives, veal organs, rooster crests and kidneys, beef marrow, chicken meat, cinnamon, and juice from a leg of lamb, also appears in Bonnefons, L. S. R., and Lune. A simpler, but equally popular dish, judging from its presence in both La Varenne, Bonnefons, and Lune, was *pigeonneaux à la poivrade*, or pigeons roasted with vinegar and pepper sauce. (For a recipe, see *Cuis*, p. 342.) Bonnefons's detailed information for killing, pluming, dressing, and preparing pigeons indicates that these birds were a staple of the aristocratic diet (*DC*, pp. 243–57).

424. *de Compiegne, ou bien de saint Germain*: Compiègne and Saint-Germain, with their royal hunting grounds, were known for game.

426. *viande noire*: Dark meat, primarily from certain kinds of game. The rejection of dark meat derived in part from the notion that it was prejudicial to health. It may also be a sign of the decline of game as a mark of wealth during this period. Saint-Évremond wrote a verse epistle 'A Mr. Villiers' in which he spurned dark meat, except for snipes and larks:

> Bannissons toute Viande noire,
> N'en souffrons plus à nos Repas,
> Hors deux à qui l'on doit la gloire
> De plaire à tous les Délicats.
> Venez, ornement des Cuisines,
> Oiseaux qu'on ne peut trop aimer;
> Alloüetes et Becassines,
> Est-il besoin de vous nommer?

Saint-Évremond, *Œuvres melées*, V, p. 90.

431. *Va, pour gouster les vins, luy mesme en tous les lieux*: See Introduction.
446. *Salade*: The *Dictionnaire de l'Académie* (1694) defines salad as 'Sorte de mets composé de certaines herbes, et de certains legumes assaisonnez avec du sel, du vinaigre, et de l'huile', *AF*, II, 455. The term could also refer to cold meats and fruits prepared in a similar manner, corresponding to today's *salades composées*. L. S. R. includes the following, under salads: olives, chicory, beets, capers, spring greens, celery, violets, watercress, pomegranate, lettuce, endive, lemon, seaweed, purslane, cucumber, pickles, and anchovies. See Peterson, pp. 184–86.
454. *Delicatesse*: The key term for describing seventeenth-century taste. For Saint-Évremond, unlike Oronte, *délicatesse* had positive connotations. See Introduction.
463. *parbieu*: A euphemistic interjection, a variant of *parbleu*.
474. *un diner maigre*: A meal consumed during a day of abstinence, when eating animal flesh was prohibited by the Catholic Church. These included the 40 days of Lent, Fridays, and often Wednesdays and Saturdays. La Varenne devotes whole sections of his cookbook to recipes that are fish and vegetable-based. These could be quite elaborate and costly, as fresh produce and seafood were often hard to come by. On Good Friday, the fare was even more restricted: eggs, vegetables, and salads, mainly. See Quellier, pp. 126–32.
477. *Turbot . . . Barbue*: Turbot and brill. Bonnefons offers a common method for preparing these fish, cooking them in court bouillon (an acidic cooking broth) (*DC*, p. 352). La Varenne, Lune, and L. S. R. provide similar recipes, indicating that it was a popular preparation. La Varenne and Lune also suggest making *pâtés* (pastries) out of these fish (*CF*, p. 255; *Cuis*, p. 380).
478. *Moluë*. Alternate spelling of *morue*. Cod was an important staple, traded throughout early modern Europe. In its dried form, it provided a relatively inexpensive protein that could be consumed during lean days in areas where fresh fish were hard to come by. La Varenne provides a number of preparations for fresh cod, which would have been more suitable for a noble table, including 'Moruë fraische en ragoust', and an intriguing recipe for fricasseed cod intestines (*LV*, p. 198). Like turbot, brill, and many other fish, cod was often prepared in a court bouillon. This preparation is mentioned by both Bonnefons and La Varenne (*DC*, p. 357; *LV*, p. 293). Cod does not feature prominently in either L. S. R. or Lune, perhaps because it was considered to be plebeian.
491. *l'on avoit diné*. A midday meal during the seventeenth century, in contrast to the *souper*, a less elaborate evening meal.
532. *soûperons*: See previous note.
540. *Traitteur*. Traiteurs were caterers who served prepared dishes for that could be taken away or to be served on the premises. They formed a guild, and jealously protected their monopoly on such dishes. Other guilds specialized in baked items, roasted meats, etc. Though the restaurant, properly speaking, would have to wait until the eighteenth century to make its appearance, the ability to get a variety of ready-made, quality foods at all times of the day set Paris apart from other major European cities. See Quellier, pp. 111–14. On the restaurant, see Rebecca Spang, *The Invention of the Restaurant: Paris and Modern Gastronomic Culture* (Cambridge, MA: Harvard University Press, 2000).

# APPENDIX

~

# Documents Related to the Ordre des Coteaux

I. Nicolas Boileau-Despráux, *Satire* III: 'Les Repas ridicule' (Barbin, 1666)

    A. Quel sujet inconnu vous trouble et vous altere?
    D'où vous vient aujourd'hui cet air sombre et severe,
    Et ce visage enfin plus pasle qu'un Rentier,
    A l'aspect d'un Arrest qui retranche un quartier?
    Qu'est devenu ce teint, dont la couleur fleurie
    Sembloit d'Ortolans seuls, et de Bisques nourrie?
    Où la joye, en son lustre, attiroit les regards,
    Et le Vin en rubis brilloit de toutes parts.
    Qui vous a pû plonger dans cette humeur chagrine?
    A-t-on, par quelque Edit, reformé la cuisine?
    Ou quelque longue pluie, inondant vos vallons,
    A-t-elle fait couler vos vins ou vos melons?
    Répondez donc du moins, ou bien je me retire.
    P. Ah de grace, un moment souffrez que je respire.
    Je sors de chez un Fat, qui, pour m'empoisonner,
    Je pense, exprés chez lui m'a forcé de disner.
    Je l'avois bien preveu. Depuis prés d'une année,
    J'éludois tous les jours sa poursuite obstinée.
    Quand hier il m'aborde, et me serrant la main:
    Ah Monsieur, m'a-t-il dit, je vous attens demain.
    N'y manquez pas au moins. J'ai quatorze bouteilles
    D'un vin vieux . . . Boucingo[86] n'en a point de pareilles:
    Et je gagerois bien que, chez le Commandeur,[87]
    Villandri[88] priseroit sa séve, et sa verdeur.

---

86. See *Les Costeaux*, l. 279.
87. The commandeur de Souvré. See Introduction.
88. A friend of Saint-Évremond. See Introduction.

Moliere avec Tartuffe y doit jouër son rôle;
Et Lambert, qui plus est, m'a donné sa parole.
C'est tout dire en un mot, et vous le connoissez.
Quoi Lambert?[89] Oüi Lambert: A demain: Cest assez.
    Ce matin donc, seduit par sa vaine promesse,
J'y cours, Midi sonnant, au sortir de la Messe.
A peine estois-je entré, que ravi de me voir,
Mon Homme, en m'embrassant, m'est venu recevoir:
Et montrant à mes yeux une allegresse entiere,
Nous n'avons, m'a-t-il dit, ni Lambert ni Molière:
Mais, puisque je vous voi, je me tiens trop content.
Vous estes un brave Homme: Entrez, on vous attend.
A ces mots, mais trop tard, reconnoissant ma faute:
Je le suis, en tremblant, dans une chambre haute,
Où malgré les volets, le Soleil irrité
Formoit un poësle ardent, au milieu de l'Esté.
Le Couvert estoit mis dans ce lieu de plaisance,
Où j'ai trouvé d'abord, pour toute connoissance,
Deux nobles Campagnards, grands lecteurs de Romans,
Qui m'ont dit tout Cirus dans leurs longs complimens.
J'enrageois. Cependant on apporte un Potage.
Un Coq y paroissoit en pompeux équipage,
Qui changeant sur ce plat et d'état et de nom,
Par tous les Conviez s'est appelé Chapon.
Deux assietes suivoient, dont l'une estoit ornée
D'une Langue en ragoust de persil couronnée:
L'autre d'un Godiveau tout brûlé par dehors,
Dont un beurre gluant inondoit tous les bords.
On s'assied: mais d'abord, notre troupe serrée
Tenoit à peine autour d'une table quarrée,
Où chacun malgré soy l'un sur l'autre porté,
Faisoit un tour à gauche, et mangeoit de costé.
Jugez, en cet estat, si je pouvois me plaire,
Moi, qui ne compte rien ni le vin, ni la chere;
Si l'on n'est plus au large assis en un festin,
Qu'aux Sermons de Chaissagne,[90] ou de l'abbé Kautin.[91]
    Nôtre Hoste, cependant, s'adressant à la troupe:
Que vous semble, a-t'il dit, du goût de cette soupe?

---

89. Michel Lambert (1610–1696), composer.
90. Jacques Cassagne (1636–1679), clergyman.
91. Charles Cotin (1604–1681), member of the *Académie Française*.

Sentez-vous le citron dont on a mis le jus,
Avec des jaunes d'œuf meslez dans du verjus?
Ma foi, vive Mignot, et tout ce qu'il appreste.
Les cheveux cependant me dressoient à la teste:
Car Mignot, c'est tout dire, et dans le monde entier,
Jamais Empoisonneur ne sçeut mieux son métier.
J'approuvois tout pourtant, de la mine et du geste,
Pensant qu'au moins le vin dûst reparer le reste.
Pour m'en éclaircir donc, j'en demande. Et d'abord,
Un Laquais effronté m'apporte un Rouge bord
D'un Auvernat fumeux, qui meslé de Lignage,
Se vendoit chés Crenet, pour vin de l'Hermitage;
Et qui rouge et vermeil, mais fade et douceureux,
N'avoit rien qu'un goust plat, et qu'un deboire affreux.
A peine ai-je senti cette liqueur traitresse,
Que de ces vins meslez, j'ai reconnu l'adresse.
Toutefois avec l'eau, que j'y mets à foison,
J'esperois adoucir la force du poison.
Mais, qui l'auroit pensé? pour comble de disgrace,
Par le chaud qu'il faisoit, nous n'avions point de glace.
    Point de glace, bon Dieu! dans le fort de l'Esté!
Au mois de Juin! Pour moy, j'étois si transporté;
Que donnant de fureur tout le festin au Diable,
Je me suis veu vingt fois prest à quitter la table;
Et dûst-on m'appeller, et fantasque et bourru,
J'allois sortir enfin: quand le Rost a paru.
    Sur un Lievre flanqué de six Poulets ethiques
S'élevoient trois Lapins, animaux domestiques,
Qui dés leur tendre enfance élevez dans Paris,
Sentoient encor le chou dont ils furent nouris:
Autour de cet amas de viandes entassées,
Regnoit un long cordon d'Alouëtes pressées,
Et sur les bords du plat, six Pigeons étaléz
Présentoient pour renfort leurs squeletes bruslez.
A costé de ce plat paroissoient deux Salades:
L'une de pourpier jaune, et l'autre d'herbes fades,
Dont l'huile de fort loin saisissoit l'odorat,
Et nageoit dans des flots de vinaigre rosat.
    Tous mes Sots à l'instant, changeant de contenance,
Ont loüé du festin la superbe ordonnance:
Tandis que mon Faquin, qui se voyoit priser,
Avec un ris moqueur, les prioit d'excuses.

Sur tout certain Hableur, à la gueule affamée,
Qui vint à ce festin, conduit par la fumée:
Et qui s'est dit Profés dans l'ordre des Coteaux,[92]
A fait, en bien mangeant, l'éloge des morceaux.
Je riois de le voir, avec sa mine éthique,
Son rabat jadis blanc, et sa perruque antique,
En lapins de garenne ériger nos Clapiers,
Et nos Pigeons Cauchets, en superbes Ramiers:
Et pour flatter notre Hoste, observant son visage,
Composer sur ses yeux, son geste et son langage:
Quand nôtre Hoste charmé, m'avisant sur ce point:
Qu'avez-vous donc, dit-il, que vous ne mangez point?
Je vous trouve aujourd'hui l'ame tout inquiète,
Et les morceaux entiers restent sur vostre assiette.
Aimez-vous la muscade? on en a mis partout.
Ah! Monsieur, ces Poulets sont d'un merveilleux goût;
Ces pigeons sont dodus: mangez, sur ma parole.
J'aime à voir aux Lapins cette chair blanche et molle.
Ma foi, tout est passable, il le faut confesser,
Et Mignot aujourd'hui, s'est voulu surpasser.
Quand on parle de sauce, il faut qu'on y raffine,
Pour moi, j'aime sur tout, que le poivre y domine:
J'en suis fourni, Dieu sçait, et j'ai tout Pelletier[93]
Roulé dans mon office en cornets de papier.
A tous ces beaux discours, j'étois comme une pierre,
Ou comme la Statuë est au Festin de Pierre;
Et sans dire un seul mot, j'avalois au hazard
Quelque aile de poulet dont j'arrachois le lard.
    Cependant mon Hableur avec une voix haute,
Porte à mes Campagnars, la santé de notre Hôte,
Qui tous deux pleins de joye, en jettant un grand cri,
Avecque un rougebord, acceptent son deffi.
Un si galant exploit reveillant tout le monde,
On a porté par tout des verres à la ronde,
Où les doigts des Laquais dans la crasse tracez,
Témoignoient par écrit qu'on les avoit rincez.
Quand un des Conviez, d'un ton melancolique,
Lamentant tristement une chanson bachique;
Tous mes Sots à la fois ravis de l'écouter,

---

92. On the *Ordre des Coteaux*, see the Introduction.
93. Jacques Peletier du Mans (1517–1582), poet and mathematician.

Detonnant de concert, se mettent à chanter.
La musique sans doute estoit rare et charmante:
L'un traine en longs fredons une voix glapissante;
Et l'autre l'appuyant de son aigre fausset,
Semble un violon faux qui jure sous l'archet.
     Sur ce point, un Jambon d'assez maigre apparence,
Arrive sous le nom de Jambon de Mayence.
Un Valet le portoit, marchant à pas comptez,
Comme un Recteur suivi des quatre Facultez.
Deux Marmitons crasseux, revestus de serviettes,
Lui servoient de Massiers, et portoient deux assietes;
L'une de champignons, avec des ris de veau,
Et l'autre de pois verds, qui se noyoient dans l'eau.
Un spectacle si beau surprenant l'assemblée,
Chez tous les Conviez la joie est redoublée:
Et la Troupe à l'instant, cessant de fredonner,
D'un ton gravement fou, s'est mise à raisonner.
Le vin au plus muët fournissant des paroles,
Chacun a débité ses maximes frivoles,
Reglé les interests de chaque Potentat,
Corrigé la Police, et réformé l'Estat;
Puis de là s'embarquant dans la nouvelle guerre,
A vaincu la Hollande, ou battu l'Angleterre.
Enfin, laissant en paix tous ces peuples divers,
De propos en propos, on a parlé de vers.
Là tous mes Sots enfléz d'une nouvelle audace,
Ont jugé des Autheurs en Maistres du Parnasse.
Mais nôtre Hoste sur tout, pour la justesse et l'art,
Elevoit jusqu'au ciel Théophile et Ronsard;
Quand un des Campagnards relevant sa moustache,
Et son feutre à grands poils, ombragé d'un penache,
Impose à tous silence; et d'un ton de Docteur,
Morbleu, dit-il, La Serre[94] est un charmant Autheur!
Ses vers sont d'un beau stile, et sa prose est coulante!
La Pucelle est encore une Œuvre bien galante!
Et je ne sçai pourquoi je baaille en la lisant.
Le Pais, sans mentir, est un bouffon plaisant:
Mais je ne trouve rien de beau dans ce Voiture.
Ma foi le jugement sert bien dans la lecture.
A mon gré, le Corneille est joli quelquefois:

---

94. Jean Puget de la Serre (1600-1665), *polygraphe*.

En vérité, pour moi j'aime le beau François.
Je ne sçai pas pourquoi l'on vante l'Alexandre;[95]
Ce n'est qu'un glorieux qui ne dit rien de tendre:
Les Heros chez Kynaut[96] parlent bien autrement,
Et jusqu'à *je vous hais*, tout s'y dit tendrement.
On dit qu'on l'a drapé dans certaine Satire,
Qu'un jeune homme . . . Ah! je sçai ce que vous voulez dire,
A répondu nostre Hoste: *Un auteur sans défaut,*
*La raison dit Virgile, et la rime Kynaut.*
Justement. A mon gré, la piece est assez plate:
Et puis, blasmer Kynaut . . . Avez vous veu l'Astrate?[97]
C'est là ce qu'on appelle un Ouvrage achevé.
Surtout l'*Anneau Royal* me semble bien trouvé.
Son sujet est conduit d'une belle manière,
Et chaque Acte en sa Piece est une Piece entière:
Je ne puis plus souffrir ce que les autres font.
Il est vrai que Kynaut est un esprit profond:
A repris certain Fat, qu'à sa mine discrete,
Et son maintien jaloux, j'ai reconnu Poëte:
Mais, il en est pourtant, qui le pourroient valoir.
Ma foi, ce n'est pas vous qui nous le ferez voir,
A dit mon Campagnard, avecque une voix claire,
Et déja tout bouillant de vin et de colere.
Peut-être, a dit l'Autheur paslissant de courroux:
Mais vous, pour en parler, vous y connoissez-vous?
Mieux que vous mille fois, dit le Noble en furie.
Vous? Mon Dieu mélez-vous de boire, je vous prie,
A l'Autheur sur le champ aigrement reparti.
Je suis donc un Sot, Moi? Vous en avez menti:
Reprend le Campagnard, et sans plus de langage,
Lui jette pour deffi son assiete au visage.
L'autre esquive le coup, et l'assiete volant
S'en va frapper le mur, et revient en roulant.
A cet affront, l'Autheur se levant de la table,
Lance à mon Campagnard un regard effroyable;
Et chacun vainement se ruant entre deux,
Nos Braves s'accrochant, se prennent aux cheveux.
Aussi-tost sous leurs pieds les tables renversées

---

95. Racine's *Alexandre*.
96. Philippe Quinault (1635–1688), dramatist and librettist.
97. Tragedy by Quinault.

Font voir un long débris de bouteilles cassées;
En vain à lever tout, les Valets sont fort prompts:
Et les ruisseaux de vin coulent aux environs.
    Enfin, pour arrester cette lutte barbare,
De nouveau l'on s'efforce, on crie, on les sépare,
Et leur premiere ardeur passant en un moment,
On a parlé de paix et d'accommodement.
Mais tandis qu'à l'envi tout le monde y conspire,
J'ai gagné doucement la porte, sans rien dire,
Avec un bon serment, que si pour l'avenir,
En pareille cohuë on me peut retenir,
Je consens de bon cœur, pour punir ma folie,
Que tous les vins pour moi, deviennent vins de Brie,
Qu'à Paris le gibier manque tous les Hyvers,
Et qu'à peine au mois d'Aoust, l'on mange des pois verds.

### II. Jean de La Bruyère, *Les Caractères de Théophraste, traduits du grec, avec les caractères ou les mœurs de ce siècle*, 9th ed. (Lyon: Estienne Michallet, 1696)

Cliton n'a jamais eu en toute sa vie que deux affaires, qui est de dîner le matin et de souper le soir, il ne semble né que pour la digestion; il n'a de même qu'un entretien, il dit les entrées qui ont esté servies au dernier repas où il s'est trouvé, il dit combien il y a eu de potages, et quels potages, il place ensuite le rost et les entremets, il se souvient exactement de quels plats on a relevé le premier service, il n'oublie pas les *hors-d'œuvre*, le fruit et les assiettes, il nomme tous les vins et toutes les liqueurs dont il a bû, il possede le langage des cuisines autant qu'il peut s'étendre, et il me fait envie de manger à une bonne table où il ne soit point; il a sur tout un palais sûr, qui ne prend point le change, et il ne s'est jamais vû exposé à l'horrible inconvenient de manger un mauvais ragoût ou de boire d'un vin mediocre; c'est un personnage illustre dans son genre, et qui a porté le talent de se bien nourrir jusques où il pouvait aller, on ne reverra plus un homme qui mange tant et qui mange si bien; aussi est-il l'arbitre des bons morceaux, et il n'est gueres permis d'avoir du goût pour ce qu'il désapprouve. Mais il n'est plus, il s'est fait du moins porter à table jusqu'au dernier soûpir: il donnoit à manger le jour qu'il est mort, quelque part où il soit il mange, et s'il revient au monde, c'est pour manger.

### III. Charles de Saint-Évremond au Comte d'Olonne, *Œuvres meslées*, 2 vols (London: Jacob Tonson, 1705)

Aussi-tôt que je sûs vôtre Disgrace, je me donnai l'honneur de vous écrire pour vous témoigner mon déplaisir; et je vous écris présentement pour vous dire qu'il faut éviter au moins le Chagrin, dans le tems où il n'est pas en nôtre pouvoir de goûter la Joye. [...]

Après avoir trouvé ridicule la gravité de la Morale, je serois ridicule moi-même si je continuois un Discours si sérieux: ce qui me fait passer à des conseils moins gênans que les instructions.

Accommodez autant qu'il vous sera possible vôtre goût à vôtre santé: c'est un grand secret de pouvoir concilier l'agréable et le nécessaire en deux choses qui ont été presque toûjours opposées. Pour ce grand Secret, néanmoins, il ne faut qu'être sobre et délicat: et que ne doit-on pas faire, pour apprendre à manger délicieusement aux heures du repas; ce qui tient l'esprit et le corps dans une bonne disposition pour toutes les autres? On peut étre sobre sans étre délicat; mais on ne peut jamais être délicat sans être sobre. Heureux qui a les deux qualités ensemble! il ne sépare point son régime d'avec son plaisir.

N'épargnez aucune dépense pour avoir des Vins de *Champagne*, fussiez-vous à deux cents lieuës de *Paris*. Ceux de *Bourgogne* ont perdu leur crédit avec les gens de bon-goût, et à peine conservent-ils un reste de vieille réputation chez les Marchands. Il n'y a point de Province qui fournisse d'excellens Vins pour toutes les saisons que la *Champagne*. Elle nous fournit le Vin d'*Ay*, d'*Avenet*, d'*Auvilé*, jusqu'au Printems; *Tessy*, *Sillery*, *Versenai*, pour le reste de l'année.

Si vous me demandez lequel je préfere de tous les Vins, sans me laisser aller à des modes de goûts qu'introduisent de faux Délicats, je vous dirai que le bon vin d'*Ay* est le plus naturel de tous les Vins, le plus sain, le plus épuré de toute senteur de Terroir; d'un agrément le plus exquis, par son goût de pêche qui lui est particulier, et le premier, à mon avis, de tous les goûts. *Léon* X. *Charles-Quint*. *François* I. *Henri* VIII. avoient tous leur propre maison dans *Ay*, ou proche d'*Ay*, pour y faire plus curieusement leurs provisions. Parmi les plus grandes affaires du monde qu'eurent ces grands Princes à démêler, avoir du Vin d'*Ay* ne fut pas un des moindres de leurs soins.

Ayez peu de curiosité pour les Viandes rares, et beaucoup de choix pour celles qu'on peut avoir commodément. Un Potage de santé bien naturel, qui ne sera ni trop peu fait, ni trop consommé, se doit préferer pour un Ordinaire à tous les autres, tant par la justesse de son goût que par l'utilité de son usage. Du Mouton tendre et succulent; du Veau de bon lait, blanc et délicat; la Volaille de bon suc, moins engraissée que nourrie; la Caille grasse prise à la campagne; un Faisan, une Perdrix, un Lapin, qui sentent bien chacun dans son goût ce qu'ils doivent sentir, sont les véritables viandes qui pourront faire en différentes saisons les délices de vôtre Repas. La Gelinotte de Bois est estimable, sur tout par son excellence, mais peu à conseiller où vous étes et où je suis, par sa rareté.

Si une nécessité indispensable vous fait dîner avec quelques-uns de vos Voisins, que leur Argent ou leur adresse aura sauvé de l'Arriere-ban, loüez le Lièvre, le Cerf, le Chevreuil, le Sanglier, et n'en mangez point: que les Canards et quasi les Cercelles s'attirent la même loüange. De toutes les Viandes noires, la seule Bécassine sera sauvée en faveur du goût, avec un leger préjudice de la santé.

Que tous Mêlanges et Compositions de cuisine, appellés *Ragoûts* ou *Hors-d'œuvres*, passent auprès de vous pour des especes de Poisons: si vous n'en mangez qu'un peu, ils ne vous feront qu'un peu de mal: si vous en mangez beaucoup, il n'est pas possible que leur Poivre, leur Vinaigre et leurs Oignons ne ruinent à la fin vôtre goût, et n'altèrent bien-tôt vôtre santé. Les Sauces toutes simples que vous ferez vous-même, ne peuvent avoir rien de mal-faisant. Le Sel et l'Orange sont l'assaisonnement le plus général et le plus naturel. Les fines Herbes sont plus saines et ont quelque chose de plus exquis que les Epices: mais elles ne sont pas également propres à toutes choses. Il faut les employer avec discernement aux Mets où elles s'accommodent le mieux, et les dispenser avec tant de discretion, qu'elles relevent le propre goût de la Viande, sans faire quasi sentir le leur.

Après avoir parlé de la qualité des Vins, et de la condition des Viandes, il faut venir au conseil le plus nécessaire pour l'accommodement du Goût et de la Santé.

Que la Nature vous incite à boire et à manger par une disposition secrete, qui se fait legerement sentir, et ne vous y presse pas par le besoin. Où il n'y a point d'Appetit, la plus saine nourriture est capable de nous nuire, et la plus agréable de nous dégoûter: où il y a de la Faim, la nécessité de manger est une espece de mal qui en cause un autre après le Repas, pour avoir fait manger plus qu'il ne faut. L'Appetit donne de l'exercice à nôtre chaleur naturelle dans la Digestion; l'Avidité lui prépare du travail et de la peine. Le moyen de nous tenir toûjours dans une disposition agréable, c'est de ne souffrir ni vuide, ni replétion; afin que la Nature n'ait jamais à se remplir avidement de ce qui lui manque, ni à se soulager avec empressement de ce qui la charge. [...]

### IV. Charles de Saint-Évremond à Milord Galloway (1701), *Œuvres mêlées de Saint-Évremond*, ed. by Charles Giraud, 3 vols (Paris: J. Léon Techener, 1865)

Je ne me suis point donné l'honneur de vous écrire, Milord, sur le régiment que le roi vous a donné: vous auriez eu l'honnêteté de me faire réponse: j'ai voulu vous en ôter la peine et me suis contenté de prier M. de Montandre et M. Boyer de vous assurer que personne au monde ne prendra plus de part que moi à tout ce qui vous regarde.

Venons à M. de Puyzieulx. Je trouve qu'il agit fort prudemment de suivre le méchant goût des vins de Champagne d'aujourd'hui, pour vendre les siens. Je n'aurois jamais cru que les vins de Reims fussent devenus des vins d'Anjou, par la couleur et par la verdeur. Il faut du vert aux vins de Reims: mais un vert avec de la couleur, qui se tourne en séve, quand il est mûr. La séve en est amoureuse, et on ne le boit qu'à la fin de juillet. Vous avez été amant autrefois, et peut-être croyez-vous que le terme d'*amoureux* est profané. Cependant c'est le terme des grands connoisseurs, des d'Olonnes, des Boisdauphins, et de votre serviteur: COSTEAUX autrefois fort renommés. Jamais on n'aura d'excellents vins de montagne qu'on ne leur donne un peu de corps, quoi qu'en disent les vignerons modernes. Il faut laisser la Tocane aux vins d'Aï. Les vins de Sillery et des Roncières se gardoient deux ans, et ils étoient admirables: mais au bout de quatre mois, ce n'est encore que du verjus. On a laissé prendre un tel ascendant aux vins de Bourgogne, malgré tout ce que j'ai dit, et ce que j'ai écrit des vins de Champagne, que je n'ose plus les nommer. Vous ne sauriez croire la confusion où j'en suis.

Que M. de Puyzieulx en fasse une petite cuve, de la façon qu'on les faisoit, il y a quarante ans, avant la dépravation du goût, et qu'il vous en envoie. Il étoit bien jeune quand je sortis de France; je ne laissois pas d'avoir l'honneur de le connoître, quoique mon grand commerce fût avec monsieur son père, en qui j'ai perdu un bon ami, et douze bouteilles de son meilleur vin, qu'il me faisoit donner, l'hiver, par Gautier, son marchand en Angleterre. Vous m'obligerez, Milord, de faire de grands compliments pour moi à M. de Puyzieulx, si vous lui écrivez. Je l'honore, et par le mérite de monsieur son père, et par le sien.

Je suis si touché du vôtre, que je n'ai pas besoin de rappeler celui de M. de Ruvigny, pour vous assurer que je disputerai à tout le monde les sentiments d'estime et d'amitié que l'on doit avoir pour vous. Je respecte la vertu, les bonnes qualités, la philosophie, et la capacité en toutes choses; et c'est la profession qu'en fait, sur votre sujet, Milord, votre très-humble et très-obéissant serviteur, et petit philosophe subalterne.

# BIBLIOGRAPHY

ALBALA, KEN, *Eating Right in the Renaissance* (Berkeley and Los Angeles: University of California Press, 2002)

ARCHESTRATOS OF GELA, *Greek Culture and Cuisine in Fourth Century BCE: Text, Translation, and Commentary*, ed. and trans. by S. Douglas Olson and Alexander Sens (Oxford and New York: Oxford University Press, 2000)

AUDIGER, FRANÇOIS, 'La Maison réglée', in *L'Art de la cuisine française au XVIIe siècle* (Paris: Payot, 1995)

BANNISTER, MARK, 'The Montmaur Affair: Poetry Versus Pedantry in the Seventeenth Century', *French Studies*, 33 (1979), 397–410

BARTHES, ROLAND, 'Pour une psycho-sociologie de l'alimentation contemporaine', *Annales*, 16 (1961), 977–86

BAYLE, PIERRE, *Dictionnaire historique et critique*, 5th ed, 4 vols (Amsterdam: Brunel, 1715)

BEAUCHAMPS, PIERRE-FRANÇOIS GODARD DE, *Recherches sur les théâtres de France*, 3 vols (Paris: Prault, 1735)

BOCUSE, PAUL, *La Cuisine du marché* (Paris: Flammarion, 1976)

BOILEAU-DESPRÉAUX, *Œuvres de M. Boileau Despréaux avec des éclaircissemens historiques donnez par lui-même*, 2 vols (Geneva: Fabri et Barrillot, 1716)

—— *Les Premières satires de Boileau*, ed. by Antoine Adam (Lille: Bureaux de la Revue d'histoire de la philosophie, 1941)

—— *Les Satires* (Paris: Barbin, 1666)

—— *Les Satires de Boileau commentées par lui-même publiées avec des notes par Frédéric Lachèvre. Reproduction du commentaire inédit de Pierre Le Verrier*, ed. by Frédéric Lachèvre (Le Vesinet: [n.pub.], 1906)

BONNEFONS, NICOLAS DE, *Les Délices de la campagne* (Amsterdam: Raphael Smith, 1655)

—— *Le Jardinier françois* (Amsterdam: Blaeu, 1654)

BOUDHORS, CHARLES-HENRI, 'Divers Propos du Chevalier Méré', *Revue d'histoire littéraire de la France*, 32 (1925), 520–29

BOUHOURS, DOMINIQUE, *La Manière de bien penser dans les ouvrages d'esprit*, 2nd ed. (Paris: Cramoisy, 1688)

BOURDIEU, PIERRE, *Distinction. Critique sociale du jugement* (Paris: Minuit, 1979)

BRAUDEL, FERNAND, *Civilization and Capitalism, 15th–18th Century: The Structures of Everyday Life*, trans. Siân Reynolds, 2 vols (New York: Harper and Row, 1981)

BRENNAN, THOMAS EDWARD, *Burgundy to Champagne: The Wine Trade in Early Modern France* (Baltimore: Johns Hopkins University Press, 1997)

BRUNET, JACQUES-CHARLES, *Manuel du libraire et de l'amateur de livres*, 6 vols (Paris: Didot, 1860–65)

CHAPPUZEAU, SAMUEL, *Le Théâtre françois*, 3 vols (Lyon: Michel Mayer, 1674)

COUSIN, VICTOR, *Madame de Sablé, nouvelles études sur les femmes illustres et la société du XVIIe siècle* (Paris: Didier, 1882),

DeJean, Joan, *The Essence of Style: How the French Invented High Fashion, Fine Food, Chic Cafés, Style, Sophistication, and Glamour* (New York: Free Press, 2006)

Deierkauf-Holsboer, Sophie Wilma, *Théâtre de l'Hôtel de Bourgogne*, 2 vols (Paris: Nizet, 1968–70)

Desnoiresterres, Gustave, *Les Cours galantes*, 4 vols (Paris: Dentu, 1860)

Despois, Eugène, *Le Théâtre français sous Louis XIV* (Paris: Hachette, 1874)

*Dictionnaire de l'Académie Française*, 2 vols (Paris: Coignard, 1694)

Dinaux, Arthur, *Les Sociétés badines, bachiques, littéraires et chantantes: leur histoire et leurs travaux* (Paris: Bachelin-Deflorenne, 1867)

Dion, Roger, *Histoire de la vigne et du vin en France* (Paris: Flammarion, 1977)

Dufresny, Charles Rivière, *Entretiens ou amusements sérieux et comiques* (Paris: Jouaust, 1869)

Etherege, George, *The Plays of Sir George Etherege*, ed. Michael Cordner (Cambridge: Cambridge University Press, 1982)

Ferguson, Priscilla Parkhurst, *Accounting for Taste: The Triumph of French Cuisine* (Chicago: University of Chicago Press, 2006)

Flandrin, Jean-Louis, 'The Early Modern Period', in *Food: A Culinary History from Antiquity to the Present*, ed. by Jean-Louis Flandrin and Massimo Montonari, trans. by Clarissa Botsford (New York: Columbia University Press, 1999)

—— 'L'Invention des grands vins français et la mutation des valeurs œnologiques', *Eighteenth-Century Life*, 23 (1999), 24–33

Forbes, Patrick, *Champagne: The Wine, the Land, and the People* (London: Raynal, 1967)

Fournel, Victor, *Les Contemporains de Molière, recueil de comédies, rares ou peu connues jouées de 1650 à 1680*, 3 vols (Paris: Didot, 1863–65)

Furetière, Antoine, *Dictionnaire universel*, 3 vols (The Hague: Arnout and Reinier Leers, 1690)

Garasse, François, *La Doctrine curieuse des beaux esprits de ce temps ou prétendus tels* (Paris: Chappelet, 1623)

Gendarme de Bévotte, Georges, *Le Festin de Pierre avant Molière* (Paris: Cornély, 1906)

Guy, Kolleen M., *When Champagne Became French: Wine and the Making of a National Identity* (Baltimore: Johns Hopkins University Press, 2003)

Hope, Quentin M., 'Saint-Évremond and the Pleasures of the Table', *Papers in French Seventeenth-Century Literatures*, 38 (1993), 9–36

—— *Saint-Évremond: The 'Honnête Homme' as Critic* (Bloomington: Indiana University Press, 1962)

Horace, *The Satires of Horace*, trans. by A. M. Juster (Philadelphia: University of Pennsylvania Press, 2008)

Jeanneret, Michel, *Des mets et des mots* (Paris: Corti, 1987)

Kettering, Sharon, *Patrons, Brokers, and Clients in Seventeenth-Century France* (Oxford and New York: Oxford University Press, 1986)

Kramer, Michael, *La Comédie des proverbes, pièce comique d'après l'édition princeps de 1633* (Geneva: Droz, 2003)

L. S. R., 'L'Art de bien traiter', in *L'Art de la cuisine française au XVIIe siècle* (Paris: Payot, 1995)

LA BRUYÈRE, JEAN DE, *Les Caractères de Théophraste, traduits du grec, avec les caractères ou les mœurs de ce siècle*, 9th ed. (Paris: Michallet, 1696)

LANCASTER, HENRY CARRINGTON, *A History of French Dramatic Literature in the Seventeenth Century. Part III. The Period of Molière*, 2 vols (Baltimore: Johns Hopkins University Press, 1936)

—— *Errors in Beauchamps' 'Recherches sur les théâtres de France'* (Baltimore: Johns Hopkins University Press, 1922)

LA VARENNE, FRANÇOIS DE, *Le Cuisinier françois* (Paris: Pierre David, 1651)

LÉRIS, ANTOINE, *Dictionnaire portatif historique et littéraire du théâtre* (Paris: Jombert, 1763)

LHUILLIER, CLAUDE-EMMANUEL and BACHAUMONT, FRANÇOIS LE COIGNEUX DE, *Œuvres de Chapelle et de Bachaumont*, ed. by Tennant de Latour (Paris: Jannet, 1854)

LITTRÉ, ÉMILE, *Dictionnaire de la langue française*, 4 vols (Paris: Hachette, 1873-74)

LUNE, PIERRE DE, 'Le Cuisinier', in *L'Art de la cuisine française au XVIIe siècle* (Paris: Payot, 1995)

MAINTENON, FRANÇOISE D'AUBIGNÉ, MARQUISE DE, *Lettres*, 5 vols, ed. by Marcel Langlois (Paris: Letouzey & Ané, 1933-39)

MÉNAGE, GILLES, *Dictionnaire étymologique ou origines de la langue françoise, par Mr. Ménage* (Paris: Anisson, 1694)

MENNELL, STEPHEN, *All Manners of Food: Eating and Taste in England and France from the Middle Ages to the Present* (Oxford: Blackwell, 1985)

MERLIN, HÉLÈNE, *L'Excentricité académique* (Paris: Belles Lettres, 2001)

MOLIÈRE, *Œuvres complètes*, ed. by Georges Forestier and Claude Bourqui, 2 vols (Paris: Gallimard, 2010)

MONTAIGNE, MICHEL DE, *Les Essais*, ed. by Pierre Villey and V.-L. Saulnier, 2 vols (Paris: PUF, 1965)

MORIARTY, MICHAEL, *Taste and Ideology in Seventeenth-Century France* (Cambridge: Cambridge University Press, 1988)

MOUHY, CHARLES DE FIEUX, CHEVALIER DE, *Abrégé de l'histoire du théâtre françois depuis son origine jusqu'au premier juin de l'année 1780*, 4 vols (Paris: Jorry & Mérigot, 1780)

PARFAICT, CLAUDE and FRANÇOIS, *Histoire du théâtre françois depuis son origine jusqu'à présent*, 12 vols (Paris: Le Mercier & Saillant, 1745-47)

PETERSON, T. SARAH, *Acquired Taste: The French Origins of Modern Cooking* (Ithaca, NY: Cornell University Press, 1994)

PINKARD, SUSAN, *A Revolution in Taste: The Rise of French Cuisine* (Cambridge: Cambridge University Press, 2008)

PITTE, JEAN-ROBERT, *French Gastronomy*, trans. by Jody Gladding (New York: Columbia University Press, 2002)

QUELLIER, FLORENT, *La Table des Français: une histoire culturelle (XVe-début XVIIIe siècle)* (Rennes: Presses Universitaires de Rennes, 2007)

RAMBOURG, PATRICK, *De la cuisine à la gastronomie: histoire de la table française* (Paris: Louis Audibert, 2005)

REVEL, JEAN-FRANÇOIS, *Un festin en paroles* (Paris: Pauvert, 1979)

ROCHE, DANIEL, *A History of Everyday Things: The Birth of Consumption in France, 1600-1800* (Cambridge: Cambridge University Press, 2000)

SAINT-ÉVREMOND, CHARLES DE, *Œuvres de Monsieur de Saint-Évremond*, 10 vols ([n.p.]: [n.pub.], 1740)
—— *Œuvres en prose*, ed. by René Ternois, 4 vols (Paris: Didier, 1969)
—— *Œuvres mêlées de Saint-Évremond*, ed. by Charles Giraud, 3 vols (Paris: Techener, 1865)
—— *Œuvres meslées*, 2 vols (London: Tonson, 1705)
SALLER, RICHARD, *Personal Patronage Under the Early Empire* (Cambridge: Cambridge University Press, 2002)
SCAPPI, BARTOLOMEO, *The Opera of Bartolomeo Scappi*, ed. and trans. by Terrence Scully (Toronto: University of Toronto Press, 2008)
SCARRON, PAUL, *Recueil de quelques vers burlesques* (Paris: Quinet, 1645)
SÉVIGNÉ, MARIE DE RABUTIN-CHANTAL, MARQUISE DE, *Correspondance*, ed. by Roger Duchêne, 3 vols (Paris: Gallimard, 1972)
SHOEMAKER, PETER WILLIAM, *Powerful Connections: The Poetics of Patronage in the Age of Louis XIII* (Newark: University of Delaware Press, 2007)
SPANG, REBECCA, *The Invention of the Restaurant: Paris and Modern Gastronomic Culture* (Cambridge, MA: Harvard University Press, 2000)
TAITTINGER, CLAUDE, *Saint-Évremond, ou, le bon usage des plaisirs* (Paris: Perrin, 1990)
—— *Thibaud le Chansonnier, comte de Champagne* (Paris: Perrin, 1987)
TALLEMANT DES RÉAUX, GÉDÉON, *Historiettes*, ed. by Antoine Adam, 2 vols (Paris: Gallimard, 1960)
TERENCE, *The Comedies*, ed. and trans. by Peter Brown (Oxford and New York: Oxford University Press, 2006)
TOBIN, RONALD W., *Tarte à la Creme: Comedy and Gastronomy in Molière's Théâtre* (Columbus: Ohio State University Press, 1990)
TOMASIK, TOMOTHY, 'Gastronomy', in *The Columbia History of Twentieth-Century French Thought*, ed. by Lawrence D. Kritzman (New York: Columbia University Press, 2006)
TRESSAN, LOUIS-ÉLISABETH DE LA VERGNE DE, *Œuvres diverses de M. le comte de Tressan* (Amsterdam and Paris: Cellot, 1776)
TRISTAN L'HERMITE, FRANÇOIS, *Le Parasite* (Paris: Courbé, 1654)
TRUBEK, AMY, *The Taste of Place: A Cultural Journey into 'Terroir'* (Berkeley and Los Angeles: University of California Press, 2008)
VICAIRE, GEORGES, *Bibliographie gastronomique* (Paris: Rouquette & Fils, 1890)
VINCENT, MONIQUE, *Donneau de Visé et le Mercure de France*, 2 vols (Lille: Aux Amateurs de Livres, 1988)

# MHRA Critical Texts

This series aims to provide affordable critical editions of lesser-known literary texts that are not in print or are difficult to obtain. The texts will be taken from the following languages: English, French, German, Italian, Portuguese, Russian, and Spanish. Titles will be selected by members of the distinguished Editorial Board and edited by leading academics. The aim is to produce scholarly editions rather than teaching texts, but the potential for crossover to undergraduate reading lists is recognized. The books will appeal both to academic libraries and individual scholars.

Malcolm Cook
Chairman, Editorial Board

## Editorial Board

Professor Malcolm Cook (French) (Chairman)
Professor Derek Flitter (Spanish)
Professor David Gillespie (Slavonic)
Professor Catherine Maxwell (English)
Dr Stephen Parkinson (Portuguese)
Professor Brian Richardson (Italian)
Professor Ritchie Robertson (Germanic)

www.criticaltexts.mhra.org.uk

www.ingramcontent.com/pod-product-compliance
Lightning Source LLC
Chambersburg PA
CBHW071514150426
43191CB00009B/1521